REMEDIOS
CASEROS

Gary Smalley y John Trent

EDITORIAL

Vida

DEDICADOS A LA EXCELENCIA

EDITORIAL VIDA es un ministerio misionero internacional cuyo propósito es proporcionar los recursos necesarios para evangelizar con las buenas nuevas de Jesucristo, hacer discípulos y preparar para el ministerio al mayor número de personas en el menor tiempo posible.

ISBN 0-8297-1946-6
Categoría: Familia

Este libro fue publicado en inglés con el título
Home Remedies por Multnomah Press

© 1991 por Gary Smalley y John Trent

Traducido por Roberto Ingledew

Edición en idioma español
© 1995 EDITORIAL VIDA
Deerfield, Florida 33442-8134

Diseño y fotografía de la cubierta por John F. Coté

ÍNDICE

Dedico este libro a Larry Libby, nuestro querido amigo y diestro editor, que con increíble talento, puede hacer que unas rocas comunes como nosotros brillen como diamantes.

A los treinta y un dedicados matrimonios que constituyen nuestro grupo de oración, y que sostienen fielmente a nuestro ministerio y a nuestras familias:

Fred y Kristin Beasley, Merl y Rochelle Bee, Gary y Linda Bender, Burdie y Marice Bremer, Luther y Linda Bruce, Joe y Judy Carlo, Dave y Karen Cavan, Doug y Judie Childress, Guy y Elizabeth Cooper, Darryl y Holy Delhousaye, Tom y Marlene Delnoce, Darius y Holly Ditallo, Rich y Penny D'Ortenzio Don y Shirley Foster, Jack y Sharon Grammar, Larry y Susan Hall, Dana y Doreen Hallman, Dave y Ellie Hanchett, Jeff y Nancy Lewis, Rick y Joan Malouf, Jim y Pam McGuire, Dave y Donna Otto, Stan y Sherry Power, Don y Nancy Schlander, Herb y Helen Selby, Larry y Jo Ann Smouse, Gene y Sharon Stevens, Joe y Marnel Trent, Steve y Bárbara Uhlmann, Kevin y Jamie Woudenberg, y Bill y Gwen Yarger.

Reconocimiento especial:

A Al Janssen por su amistad especial, y por compartir su tiempo y su discernimiento en nuestro primer retiro para planificar este libro.

INTRODUCCIÓN:
"LLÉVAME AL HOGAR"

Sólo déjame volver a casa, Señor . . . Sólo déjame volver a casa.

El amanecer sobre el desierto de Arabia parecía calmado y apacible. Sin embargo, allá arriba, sobre el desierto, las cosas no estaban nada en calma para un amigo nuestro que fue piloto de aviación durante la guerra del Golfo Pérsico.

El capitán Evans ya había volado veinte misiones de combate sobre Kuwait e Irak, en un avión denominado el *Wart Hog* [Jabalí]. Veinte misiones sin un solo rasguño . . . un récord que estaba por derrumbarse.

Volando la misión número veintiuno contra posiciones de la presumida Guardia Republicana, la aeronave de Evans fue de pronto alcanzada por proyectiles de mortero de veintitrés milímetros y por el fuego de armas pequeñas. El avión se sacudió violentamente debajo de él y las luces de emergencia se encendieron dentro de su cabina, algo que él deseaba no ver nunca fuera de un simulador de vuelo.

El *Wart Hog* o A-10E se había ganado su apodo atacando blancos terrestres a baja altura, a menudo apoyando de cerca a las fuerzas de infantería. Ya que está diseñado para volar muy cerca de la artillería antiaérea y del fuego de armas de poco calibre, los pilotos se sientan en una "bañera" cubierta con titanio, para protegerlos de las sacudidas que podrían esperarse a esa altura.

La aeronave del capitán Evans había sido alcanzada, y ahora el avión de combate se sacudía mientras emprendía su regreso a la base. Una delgada línea de humo salía de la aeronave, y temía que en cualquier momento su sistema hidráulico podría fallar. Sin el timón de mando, el avión podría deslizarse en un peligroso tirabuzón.

Sin embargo, como integrante de la fuerza aérea mejor entrenada del mundo, Evans echó a un lado el temor que penetraba la cabina y decidió efectuar una rígida lista de control, en preparación para un aterrizaje de emergencia.

Velocidad relativa . . . chequeada.

Altímetro . . . chequeado.

Niveles de combustible . . . chequeados.

Familia . . . chequeada.

Presión hidráulica . . . chequeada.

Sistema de aterrizaje por instrumentos . . . chequeado.

Alerones . . . chequeados.

Familia . . . chequeada.

A pesar de sí mismo, el único pensamiento que nuestro amigo no podía controlar era el que atesoraba por encima de todo . . . el hogar.

La foto de su querida esposa con sus tres hijos, el menor de sólo tres años, estaba dentro del bolsillo superior de su uniforme de vuelo.

"Sólo déjame volver a casa, Señor . . . Sólo déjame volver a casa."

Las palabras resonaban en su mente una y otra vez.

El avión del capitán Evans aterrizó en su base esa mañana, con dieciocho agujeros en su ala derecha y en el fuselaje. Hoy está de regreso con su familia. Pero esta historia ilustra algo que vemos en los hombres y mujeres a través del país.

Cuando la suerte está echada y somos golpeados por la vida, la mayoría nos encontramos susurrando: "Sólo déjame volver a casa, Señor . . . Sólo déjame volver a casa . . . Ellos me amarán . . . me cuidarán . . . ellos arreglarán todo . . ."

¿Qué clase de hogar quiere que sus hijos recuerden en los años venideros? ¿Inspirará la palabra "hogar" recuerdos de cordialidad, de risas, y de un amor profundo? ¿Será la clase de lugar donde preferiría estar su esposa en vez de estar trabajando, o con otras personas . . . la clase de lugar donde sus amigos y vecinos lastimados encuentren el amor y el apoyo de Dios?

En un hogar amoroso hay esperanza y sanidad, ayuda y salud. Los brazos sustentadores alejan con un abrazo nuestras penas, las voces nos alientan a seguir adelante, las sonrisas iluminan nuestros ojos, y las lágrimas de compasión nos alivian cuando hemos fracasado. Aun en la noche más larga y más oscura, la luz del portal siempre está encendida, siempre señalándonos el camino al lugar donde el amor se da libremente, sin necesidad de tener que ganarlo ni exigirlo.

Cuando se trata de las heridas que todos enfrentamos en la vida, el mejor lugar hacia donde dirigirse es el hogar. En realidad, en medio de nuestras pruebas, Dios ha ideado una cantidad de "remedios caseros" para vendar nuestros corazones y devolvernos a las batallas cotidianas de la vida. Remedios tales como el reconocimiento incondicional, el toque expresivo, la sabiduría obtenida con sacrificio, el carácter incuestionable, y la dependencia espiritual. Juntos, pueden hacernos superar nuestras penas y temores, y llevarnos a la intimidad y al amor que siempre hemos deseado.

En este libro, no encontrará la clase de *remedios caseros* que lo ayudarán a librarse del hipo o del resfrío común. No hablamos de usar ajo alrededor del cuello para despejar una nariz congestionada, ni de enterrar una verruga en el fondo de la casa, para asegurarse que no vuelva a tenerla.

Los remedios caseros que encontrará aquí, son comprobados por el paso del tiempo y honrados por Dios. Ellos nos ayudarán cuando nuestro corazón esté decaído, y nuestras esperanzas y sueños estén por el suelo. Son la clase de apoyo que Dios ideó para que las madres y los padres, los hermanos y las hermanas, las abuelas y los abuelos, se den unos a otros de un modo consistente cada día.

En medio de la carrera loca por llegar al siglo veintiuno, aún podemos tener familias unidas y amorosas. Amar exige tiempo y exige un compromiso. Pero por la combinación correcta de conocimiento, capacidades y fe, usted puede brindarles a sus hijos y su esposa, las cosas precisas que tanto necesitan.

En las páginas que siguen, encontrará más de una docena

de conceptos comprobados a través de la experiencia que lo ayudarán a construir una familia muy unida. Lo llevaremos de regreso a una época menos apresurada, cuando estos queridos "remedios caseros" eran mucho más fáciles de fotografiar.

Nunca hemos escrito un libro para la "mesa del café", pero nos encanta la idea. De modo que ¿por qué no se sirve una taza de café ahora — o dos — (preferiblemente sin cafeína), y luego se pone a descansar y disfruta los cuadros de amor que siguen? Quizás descubra el remedio casero preciso que necesita para usted mismo hoy . . . y sabemos que encontrará una prescripción que su familia necesitará mañana.

1
EL FUNDAMENTO PARA TODA RELACIÓN AMOROSA

Juan buscó el momento propicio, se escabulló repentinamente detrás de su maestra y salió lo más rápido que pudo por la puerta.

Kari movió negativamente su cabeza mientras el niño de cabello oscuro corría por el pasillo y desaparecía de su vista. Este encuentro en la puerta se estaba transformando en un desafío cotidiano.

Era el primer año de mi hija (la hija de Gary) como maestra de segundo grado en una zona pobre y alejada de la ciudad de Phoenix, Arizona. Antes que Kari comenzara siquiera el año, había decidido que la enseñanza iba a ser para ella mucho más que un simple oficio.

Para Kari era una misión, un llamado. Ella se sentía específicamente llamada por Dios para amar a los niños en su clase. Como parte de ese proceso, decidió que se arrodillaría en la puerta de su aula al finalizar cada día de clases y que daría a cada niño una sonrisa, un abrazo, y una palabra de afecto.

Juan se esforzó por evitar la atención de Kari. Mientras ella abrazaba a otro niño, él trataba de escabullirse por la puerta. Él no podía encontrarse con su mirada, y no quería un abrazo.

Al principio Kari quedó intrigada. ¿Acaso no la quería? ¿Se sentía desconcertado por su demostración de cariño?

Sólo obtuvo la respuesta después de investigar el trasfondo del niño. Juan no quería ser abrazado porque sentía que no lo *merecía*. Se sentía tan mal con respecto a sí mismo, que no podía aceptar que otra persona expresara un mayor valor de él que el que él mismo sentía.

Juan vivía con su abuela de treinta y seis años y varios de sus hijos menores, descendientes de una serie de maridos y amantes. La madre de Juan, de veintidós años, venía con frecuencia a la casa, pero ignoraba a su pequeño hijo, y ni siquiera le hablaba. Ella también se había casado varias veces, y Juan era el fruto de un matrimonio que estaba tratando de olvidar.

"Me recuerdas tanto a tu padre", le había dicho a Juan, "y yo odio a tu padre. No quiero tener nada que ver contigo porque te pareces tanto a él." Lo decía en serio. Solía venir a la casa e ignorar por completo al pequeño niño, pretendiendo que él no estaba allí. En varias ocasiones llevó a los otros niños a pasear; pero no a Juan.

"Quisiera ir al zoológico", le dijo Juan a Kari más tarde, "pero mi mamá no me lleva a ninguna parte porque no me quiere."

Kari decidió que iba a amar a Juan todos los días, y hacer lo que pudiera para ayudar a su desmembrada familia.

Se propuso conseguir algún dinero y apeló a la ayuda de nuestra familia para trasladar desde una choza en una zona muy peligrosa por el grado de delincuencia, a la abuela de Juan con la familia. Los llevó a un apartamento de tres dormitorios, bonito, pero pequeño, más cerca de la escuela a la cual asistía

Juan. Trajimos algunos muebles a la familia, lo cual les conmovió profundamente.

A medida que iba transcurriendo el tiempo, Juan cada vez peleaba menos. Sus deberes en la escuela mejoraron mucho. Ya no eludía su abrazo. Por primera vez en su vida, Juan se sintió realmente valorado . . . y valioso.

Kari, una extraña, estaba haciendo por su clase, lo que las madres y los padres tienen la oportunidad de hacer todos los días del año. Ella estaba *amando* a sus hijos, y lo mismo debemos hacer nosotros.

¿Cómo podemos hacer esto? ¿Qué significa "amar" a otro ser humano? ¿Se trata tan sólo de conversación florida o de penetrar en la médula misma de la vida?

Amar algo significa asignarle una gran importancia o un alto valor. Las personas cuidan bien lo que aman. ¿Lo ha observado?

Si su pasatiempo es restaurar automóviles clásicos, probablemente no le permita a su hijo adolescente sacarlos del camino para saltar barrancas en el campo. Si usted es un coleccionista de sellos postales, usted sabe cómo tomar esos preciosos cuadrados pequeños con pinzas especiales y cómo colocarlos con sumo cuidado en sobres protectores.

Las personas dedican tiempo a lo que aman. Si usted es un fanático del fútbol, sus sábados, sus domingos y sus lunes por la noche están comprometidos desde septiembre hasta enero. Si usted hace pinturas con papeles engomados, cada pieza de arte necesita doce manos de laqueado, y un período de secado de doce horas para cada mano de laca.

De acuerdo con la cantidad de cuidado y de tiempo que invierta en cada actividad, su familia puede percibir qué es lo que realmente le importa. Si sus hijos o su esposa sienten que no piensa ni se preocupa lo bastante por ellos comparado con sus otros intereses y actividades, se darán cuenta de que no son tan valiosos para usted, *no importa qué les diga.*

Uno de nuestros amigos nos contó que estuvo sumergido en la lectura de una gran novela durante varios días. Él pensó que estaba dando un "tiempo adecuado" a sus hijos, pero despertó bruscamente a la realidad cuando su hija que cursaba primer grado se subió violentamente a su regazo, empujó el libro hacia abajo y le preguntó: "¿Qué cosa amas más? ¿El libro o a mí?"

Es una pregunta válida. *¿Qué cosa amas más? ¿Cuál es tu tesoro?*

Yo (John) recuerdo un momento cuando en realidad necesitaba saber que era valioso — amado por alguien — y las palabras por sí solas no bastaban.

Acababa de comprometerme en matrimonio y había presentado una solicitud a cierta universidad para proseguir mis estudios del doctorado. A través de nuestro galanteo, la planificación y los sueños acerca de asistir a esa universidad fuera del estado llenaba nuestras conversaciones. Cindy me apoyaba tanto y era muy positiva. Sí, ella comprendía cuanto tiempo tendría que pasar estudiando, y estaba dispuesta a hacer todos los sacrificios que fueran necesarios para que yo terminara esos estudios. Sin embargo, un día, en menos de diez segundos, sucedió algo que hizo que todos esos sacrificios fueran innecesarios.

Durante varios meses, la actividad más importante del día fue caminar hasta el buzón, esperando la carta de aceptación de la universidad. Una tarde, por fin, la carta llegó.

Había pensado qué hacer cuando la abriera. Había pensado en esperar hasta la noche, cuando Cindy y yo podríamos abrirla juntos. Pero el suspenso me mataba, así que la abrí . . . y en menos de tres líneas — tres líneas *impresas en mimeógrafo* — todos mis sueños se derrumbaron.

Me habían rechazado como alumno. No me habían aceptado en esa universidad, y el resultado fue que toda mi vida parecía un fracaso. Olas de desconcierto, enojo y confusión me cubrían. ¿Por qué le había contado a tanta gente acerca de mis planes para estudiar en esa universidad? ¿Qué haría ahora? Y, por encima de todo, ¿como me enfrentaría a mi nueva novia con el hecho de que estaba comprometida con un miserable fracasado, y no con un estudiante del doctorado?

De alguna manera, Cindy ya se había enterado ese día de mi imposibilidad de ingresar a la universidad (¡las malas noticias se difuden pronto!). Debíamos encontrarnos esa noche, pero me sentía muy deprimido. Sin embargo, me saludó una mujer que sabía entonces — y todavía sabe — qué hacer para que su hombre se sienta amado.

Cindy había preparado una gran cena, y me permitió derramar toda mi frustración y dolor. No me dio un sermón, ni siquiera mostró su desilusión. Lo que hizo fue decirme que Dios aún podía usarme, y que en cuanto a ella, yo ya era el "doctor Trent", aunque ninguna universidad del país me aceptara.

No me entregó un diploma esa noche, pero su tierna manera de amarme durante esa gran desilusión, fue como obtener un título honorario de la universidad de Harvard. Para mi espíritu seco y caído, las acciones y las actitudes de Cindy eran como si el sur de California recibiese una lluvia torrencial luego de cinco años de sequía. Esto me dio una nueva perspectiva, una esperanza renovada, y me recordó positivamente de que mi valor en Cristo no dependía de un diploma de ninguna universidad.

Menos de cuatro meses después, justo antes de casarnos, nos ofrecieron un trabajo maravilloso en una de las principales ciudades. Y menos de un año después, abrí el buzón para encontrar una carta de aceptación de otra universidad, cerca de nuestro nuevo hogar, con un programa igualmente bueno.

Nuestras esposas ponen en práctica la capacidad de amar a las personas. Lamentablemente, a menudo nos encontramos con hombres y mujeres de negocios creativos que sólo dedican una parte del tiempo a la prioridad de honrar a los demás. Esa gente gana mucho dinero con su capacidad comercial de honrar a sus empleados, y de mostrar una notable sensibilidad y conocimiento de sus necesidades. Pero muchos de estos mismos hombres y mujeres regresan por la noche al hogar, y dejan de aplicar estos principios con sus cónyuges, y sus familias.

Sin proponérselo, un padre o cónyuge puede comunicar sin palabras que otras personas o actividades son más importantes para él o para ella que su familia. Usted ha oído hablar de las viudas del fútbol. ¿Y qué acerca de los huérfanos del golf?

Un hombre nos dijo recientemente que su hijo de cinco años comenzaba a llorar cada vez que su padre abría el gabinete y tomaba sus palos de golf. Finalmente el padre se dio cuenta de que realmente había herido a su hijo por su falta de atención.

Cada vez que salía por la puerta para ir a jugar al golf, era como dar un golpe contra una herida dolorosa.

Debemos reconocer que este hombre tomó esas lágrimas seriamente, y decidió adoptar un remedio radical. Prometió no volver a tocar esos palos de golf hasta que su hijo fuera lo suficientemente grande para poder jugar al golf *con* él. Tomó esa decisión para amar a su hijo más que a un pasatiempo personal que tanto le importaba.

Hoy este hombre puede observar el aprecio en los ojos de su hijo cuando le da lugar en su vida cada sábado. Pero, ¡cuánto aumentará ese aprecio a medida que el hijo crezca, y comprenda lo que su padre dejó por amor a él!

Hace poco hablamos con otro hombre que nos dijo: "Cuando estaba en el colegio secundario, mi padre tomó un nuevo empleo que realmente le gustaba. Cuando comenzó el campeonato de fútbol, solía volar todos los fines de semana para ver mis partidos, hasta que su jefe le dijo que no lo hiciera más. Así que mi padre renunció a su empleo para poder ver a su hijo jugar fútbol. *Sé que mi padre me amaba, porque sé a cuánto tuvo que renunciar para pasar tiempo conmigo.*"

No estoy diciendo que los hijos sólo se sentirán valiosos si abandonamos un pasatiempo favorito o cambiamos de carrera por causa de ellos. Pero el tema fundamental es este: con su sistema de radar de delicada sensibilidad, un niño se da cuenta si es más valioso para usted que sus propiedades o que sus proyectos en marcha.

Seríamos los primeros en admitir que es fácil representar un buen papel aquí. Resulta fácil decir que "valoramos" nuestra relación con Cristo. Es fácil afirmar que nuestros cónyuges o familias son "importantes" o "preciosos" para nosotros. Nos convencemos de que esto es cierto. Pero, ¿qué nos dice la realidad? ¿Dónde estamos invirtiendo *realmente* la crema de nuestro tiempo, de nuestros pensamientos y de nuestras energías? ESO es lo que realmente amamos.

Amar es una actitud que llevamos en nuestro corazón, una convicción muy profunda. Es una decisión importante que se manifiesta en diez mil pequeñas decisiones cada día de nuestra vida. Sin embargo, esta decisión gigante de amar a nuestros seres queridos ¡coloca una enorme losa en el fundamento de todo hogar sano y amante!

Mi esposa quiere leerme "algo encantador" de un artículo en una revista . . . pero estoy sumergido en mi novela de espionaje.

Mi pequeña hija se ha lastimado la rodilla y quiere mi atención ahora, pero he esperado media hora para ver el noticiero deportivo en la televisión y acaba de comenzar.

Mi hijo quiere describirme — detalladamente — su idea para un helicóptero submarino, pero estoy tratando de poner la mesa.

Mi hijo adolescente me pide ayuda para un proyecto complicado de estudios sociales, pero ya casi he llegado a la puerta para salir a correr, y sólo dispongo de treinta minutos.

Todos enfrentamos esta clase de minidilemas en el transcurso de nuestro día, y ninguno de ellos es "algo importante" por sí solo. Pero las pequeñas acciones, respuestas y decisiones, tejen un modelo con el paso de los días, de las semanas, y de los años, y ese modelo revela el contenido de nuestro corazón.

Amar es obedecer el sistema de valores de Dios. Y no necesitamos adivinar qué significa esto. Jesucristo lo declaró con claridad cuando dijo: "Amarás al Señor tu Dios con todo tu corazón, y con toda tu alma, y con toda tu mente . . . Amarás a tu prójimo como a ti mismo" (Mateo 22:37,39). Estos dos mandamientos resumen todos los mandamientos de las Escrituras: amar a Dios con todo su corazón y amar a las personas, mientras se está valorando a sí mismo.

Pero me dirá: "¡Pero no puedo acordarme de hacer las 'pequeñas cosas', ni siquiera de decirle a mis hijos que los amo!" Sin embargo, el hacer y el decir nacen más naturalmente de la decisión básica de valorarlos mucho.

Observe el orden aquí: Dios en primer lugar, luego los demás, y yo en tercer lugar. Eso no significa que sea una persona de "bajo nivel". Pero otros — especialmente mi familia — están en un nivel más alto, y Dios está en el nivel más alto de todos.

Los padres que ignoran o descuidan el sistema divino de valores, se encuentran con problemas e inevitables angustias

a medida que los hijos van creciendo. Por ejemplo, un adolescente que haya crecido con un sentido deficiente de los valores
tiene la tendencia de maltratar a los demás y a abusar de ellos.
Si no valora a Dios y no ve ningún valor en sí mismo, ¿por qué
habría de valorar a la joven con que está saliendo? ¿Qué me
importa? Dormiré con ella, y no pensaré en las consecuencias.
Si queda embarazada, ¿qué importa? Si decide abortar, esa es
su decisión. ¿Y qué? Yo no soy valioso, ella no es valiosa, la vida
en sí tampoco tiene valor, así que me divertiré todo lo que
pueda.

Supongamos que este mismo joven llega a los veinte, se
casa, y tiene hijos. ¿Valorará a su esposa? ¿Valorará a su
familia? *Vamos, no voy a preocuparme por dedicarle tiempo a
mi mujer. No voy a invertir mi vida con estos niños. Voy a salir
con los amigos. Voy a jugar con mis propios juguetes.*

Durante nuestras sesiones de consejería hemos oído esta
clase de esquema una y otra vez. Sucedió con ambos de nuestros
padres mientras crecían. Mi padre (el padre de John) era un
ex-marino enojado que abandonó a su familia cuando éramos
jóvenes. El padre de Gary llevaba una gran carga de amargura
por la forma en que fue criado, con explosiones constantes de
enojo y desvalorizando a sus hijos.

Ambos tuvimos que clamar a Dios para que nos ayudara a
romper los esquemas negativos, y tuvimos que decir una y otra
vez: "Por la gracia de Dios voy a detener ese modelo ahora
mismo."

Dos nuevas generaciones de hijos están siendo criadas
ahora, que han aprendido a valorar a los demás, porque ellos
mismos han sentido lo que significa ser valorados por los
demás.

¿Cómo podemos, entonces, comenzar como padres a amar
a nuestros hijos de tal modo que les enseñemos a valorar a los
demás? Aquí hay algunas sugerencias para ayudarle a emprender un viaje para toda la vida.

1. ¡Dígales cuán valiosos son ellos para usted!

Es tan sencillo. Tan obvio. Usted supone que ya lo saben.
¡Pero no suponga nada! Al igual que un circuito eléctrico

interrumpido, el nunca decirle a un hijo que es valioso, evita que se cierre el circuito para liberar la corriente que ilumina la lámpara. A menos que usted complete el circuito con sus palabras, la luz del amor incondicional nunca brillará en la vida de un niño.

Sabemos de una mujer que ansiaba oír las palabras de amor y la aceptación de su padre. Finalmente, envío una carta a su padre, preguntándole si le escribiría y le diría que la amaba. En realidad, él hizo algo mucho mejor que eso. Al poco tiempo, ella recibió una grabación en casete, de casi *dos horas* de duración, que le contó historia trás historia de cómo él la amaba y la apreciaba.

El padre cerró el casete (y cerró el circuito) pidiendo perdón por nunca haberle dicho personalmente aquellas cosas que había guardado en su corazón por años. Sin embargo, en la seguridad de su propia habitación, con una grabadora, él pudo por fin expresar en palabras la bendición que ella había ansiado tanto.

¿Por qué somos tan reacios a decirle a nuestros hijos cuán valiosos son para nosotros? Necesitamos hacerles saber con regularidad lo sumamente importantes que son para nosotros. En una escala del uno al diez, ¿qué medida de importancia sienten sus hijos que tienen para usted? ¿Alguna vez se los ha *preguntado*? ¿Está preparado para oír su respuesta?

Asegúrese de que sus expresiones de amor no estén sólo vinculadas al desempeño de su hijo en una tarea. Cuando las expresiones de valor sólo están vinculadas a eso, las palabras pierden gran parte de su impacto. Los hijos que tienen que "rendir" para obtener la bendición de los padres, mantienen una constante incertidumbre de si en realidad la obtuvieron. Si en algún momento su rendimiento decae, aunque sea un poco, se preguntarán: "*¿Me aman por 'lo que soy', o sólo por 'lo que puedo hacer'?*"

2. *Haga un compromiso incondicional con ellos por el resto de sus vidas*

Esa es la clase de compromiso que dice: "Ustedes son

importantes para mí hoy y mañana, no importa lo que suceda, ni importa cuanto cueste."

En una conferencia que dimos recientemente, oímos el testimonio poderoso de una mujer que creció en un hogar donde el padre sabía cómo transmitir un amor incondicional.

"Desde que tenía cinco años de edad", nos dijo la mujer, "quise ser maestra. Mi padre era agricultor y siempre teníamos poco dinero. Pero él y mamá se sacrificaron y ahorraron durante años, hasta durante la depresión, para que tuviese suficiente dinero para ir a la universidad.

"Me gradué y enseñé durante un año, pero entonces me casé, abandoné la enseñanza, y al año tuve nuestro primer hijo. Luego vinieron cuatro hijos más. Entonces sucedió algo que nunca olvidaré.

"Luego del nacimiento de mi quinto hijo, escuché a un vecino preguntarle a mi padre: '¿Está usted arrepentido de haberse sacrificado tanto para enviar a su hija a la universidad?' Mi padre le contestó que no lo lamentaba en absoluto, y que estaba seguro que todo lo que había aprendido en la universidad me sería útil a mí, a mi familia y a los demás algún día.

"Permanecí en el hogar hasta que crecieron mis hijos, pero luego volví a enseñar, y fui profesora en el colegio secundario *¡por treinta años!*"

El amar a un niño a menudo puede requerir sacrificio, pero si estos sacrificios se brindan con una actitud de no estar arrepentido, el resultado puede bendecir a generaciones enteras.

Debemos hacer hincapié en decirle a nuestros hijos que los amamos y que estamos dedicados a ellos para toda la vida, no importa lo que hagan. Estaremos dedicados a ayudarlos, en todo lo que quieran hacer. Estaremos dedicados a ellos, no importa con quien se casen. Estaremos dedicados a ellos, no importa qué suceda en su matrimonio. Estaremos dedicados a sus cónyuges y a sus hijos. Siempre estaremos dispuestos a escucharlos. Y si llegasen a tener problemas, estaremos allí para ayudarlos. Esto no significa necesariamente que los sacaremos de apuros en una situación apretada, porque quizás no sea lo mejor para ellos. Pero saben cuánto los amamos, y que nada impedirá jamás que los amemos.

3. Programe momentos especiales con la familia

Transmitir la aprobación cálida y amorosa a nuestros hijos no "sucede" naturalmente. Creemos que este momento debe ser programado con regularidad, preferiblemente varias veces a la semana, porque nuestros hijos nos necesitan.

En nuestras sesiones de consejería muchas veces hablamos acerca de que los hijos tienen "tanques de amor" pequeños. Algunos días, pueden llegar a casa de la escuela, y necesitan una recarga completa. Otros días, apenas necesitan una pequeña confirmación para llenar sus tanques. Pero si dejamos que sus tanques queden vacíos por demasiado tiempo, se encerrarán en ellos mismos y a menudo reaccionarán enojados y se distanciarán de nosotros. El contacto firme y expresivo que pueda llenar sus tanques de amor es crucial. Esto puede tomarnos quince minutos para escuchar lo que les sucedió durante el día, darles una palabra de elogio, preguntarles acerca de sus sueños o temores, o aprender acerca de su pasatiempo o deporte favorito. La actividad en sí misma no es tan importante, pero debe ser algo que disfruten tanto el hijo como el padre.

¿Alguna vez ha llevado a su hijo o a su hija a desayunar afuera . . . sólo los dos?

¿Alguna vez ha salido a caminar con su hijo o hija adolescente una noche estrellada?

¿Alguna vez ha hecho con la familia las decoraciones navideñas?

A menudo las relaciones más profundas pueden ser desarrolladas durante las actividades más sencillas.

El camping, las caminatas y la actividad al aire libre brindan excelentes oportunidades para unir nuestras familias. El sentarse al lado de un hoguera, caminar por una senda en la montaña, o esperar a la orilla de un lago que el pez pique, ofrecen momentos únicos para hablar a un nivel más profundo con nuestros hijos. Estos momentos especiales nos ayudan a comprender hacia dónde va su vida y cuáles son sus preocupaciones. Sólo estar *con ellos* les transmite que son amados. Y la voluntad de un padre de esperar el desarrollo de la conversación, amplía todavía más la propia estima de su hijo.

4. Comunique a sus hijos que está a su disposición en todo momento

Aquí es donde la vida real irrumpe en el mundo nebuloso de nuestras buenas intenciones y pregunta: "¿Hablas en serio?" Cuando estamos leyendo nuestra revista preferida, observando algo especial por televisión, o saliendo por la puerta para una reunión, y uno de nuestros hijos se acerca y nos dice: "Papá, ¿tienes un minuto? Tengo este problema en álgebra" o "Mamá, ¿qué voy a hacer? No puedo encontrar nada que ponerme." Debemos tener cuidado cómo nos expresamos en esos momentos. Si respondemos: "Sí, seguro, dentro de unos minutos" o "Ahora no, estoy ocupado", los hijos observarán *qué* es lo que estamos haciendo y compararán cuán importante son ellos con respecto a lo que estamos haciendo. Podemos decirles: "Ahora no es el mejor momento para hablar, pero te puedo dar mi atención absoluta en treinta minutos, te lo prometo." Esto está bien (¡si lo cumplimos!), pero diremos mucho más si dejamos lo que estamos haciendo, sencillamente porque nuestros hijos son más importantes.

5. Hágase responsable ante un amigo y ante un pequeño grupo, para proseguir el objetivo en este tema crucial de amar

¡Nadie ha dicho que será fácil! Las decisiones importantes de la vida, rara vez lo son. Pero si esta determinación de amar a su familia va a ser algo más que un agradable pensamiento pasajero, insista en comunicarle su decisión a algunas personas que caminen las primeras millas de ese largo camino con usted . . . ¡y que le recuerden con firmeza (y con amor) que debe seguir adelante si intenta retroceder!

Quizás su hogar nunca tenga todas las cosas atractivas, artefactos y "tesoros" materiales que ha deseado tener a través de los años. Quizás su residencia nunca aparezca en las páginas de las revistas de arquitectura y quizás su historia nunca sea relatada en "La vida de los ricos y famosos". Pero no tenga la menor duda: hay un tesoro, un verdadero tesoro, en los hogares de los que luchan contra la corriente de la cultura popular, y que deciden dar un alto valor a Dios y a su familia.

"Amaos los unos a los otros con amor fraternal; en cuanto a honra, prefiriéndoos los unos a los otros" (Romanos 12:10).

2
EL INESTIMABLE VALOR DEL RECONOCIMIENTO

Rx

Remedio:

Reconocimiento

Síntomas:

Abatimiento

Potencial no
alcanzado

Mediocridad crónica

En los hogares de los Smalley y los Trent hay un frasco milagroso que permanece en el centro del estante de medicinas. Es un recipiente plástico verde y blanco con un antiséptico que probablemente se jacte de más propiedades emotivas que medicinales. Cuando uno de los niños se cae y se raspa la rodilla, a menudo basta con sólo levantar la botella para detener las lágrimas.

Cuando se trata de los golpes y las heridas que recibimos en la vida, hay otro frasco que puede hacer una tremenda diferencia para un corazón dolorido, o para cualquier corazón en realidad. Dios nos ha hecho de tal manera, que cuando aplicamos palabras de aliento a las heridas del espíritu, el resultado es un alivio sedante.

Hay algo que el pequeño Eric aprendió un día de una forma poderosa . . .

El sexto grado no había sido un año sobresaliente para Eric. Aunque nunca había tenido mucha confianza en la escuela, tenía un miedo especial a la matemáticas. "Un bloqueo mental" le había dicho uno de los consejeros escolares. Entonces, como si un bloqueo mental en matemáticas no fuese suficiente para un jovencito de once años, tuvo sarampión en el otoño y faltó dos semanas a la escuela. Cuando regresó, sus compañeros de estudio estaban multiplicando fracciones. Eric aún estaba tratando de calcular qué se obtiene cuando se pone medio pastel con las tres cuartas partes de un pastel . . . además de mucho pastel.

La maestra de Eric, la señora Gunther, de voz fuerte, obesa, aterradora y a un año de jubilarse, no era simpática. Durante el resto del año lo llamó "sarampionoso" en honor a sus puntos inoportunos, y lo acosó con interminables deberes de recuperación. Cuando su bloqueo mental le impedía progresar con las fracciones, ella lo retaba frente a la clase, diciéndole: "¡No daría un centavo por tus excusas! Mejor te enderezas, sarampionoso."

El bloqueo mental, antes del tamaño de un cerca del fondo, ahora se asemejaba a la Gran Muralla China. Eric se desesperaba por recuperar el atraso, y hasta se retrasó en materias en las que había andado bien.

Cuando comenzó séptimo grado, se encontró en todas las clases para estudiantes retrasados. Nadie esperaba que Eric fuese brillante, ni que tuviese éxito, ni siquiera Eric.

Entonces llegó un momento notable.

Sucedió en medio de la clase de inglés de noveno grado de la señora Warwick. Aún hoy, unos veinticinco años después, el rostro de Eric se ilumina al recordar ese momento.

La clase del quinto período había sido aburrida mientras la señora Warwick intentaba iniciar la discusión sobre un cuento breve de Mark Twain. En un momento de la lectura, algo surgió en la mente de Eric. Probablemente no tenía sentido, pero de pronto pareció como que comprendió algo que Twain había estado tratando de dar a conocer, algo un poco por debajo de la superficie. A pesar de su timidez, Eric levantó su mano e hizo una observación.

Eso condujo al momento cuando la señora Warwick miró directamente a los ojos de Eric, rebosó de alegría, y dijo: "Vaya, Eric . . . ¡eso fue *muy* perspicaz de tu parte!"

Perspicaz. ¿Perspicaz? ¡Perspicaz!

La palabra resonó en la mente de Eric durante el resto del día, y luego por el resto de su vida. *¿Perspicaz? ¿Yo? Bueno, sí. Supongo que eso FUE perspicaz. Quizá SOY perspicaz.*

Una palabra, una pequeña palabra positiva pronunciada en el momento correcto, inclinó de alguna manera la balanza en el concepto que tenía de sí el adolescente, y quizás cambió el curso de su vida. (Aunque todavía no sabe multiplicar fracciones.)

Eric prosiguió sus estudios, cursó una carrera en periodismo, y con el tiempo llegó a ser un editor de libros, trabajando con éxito con algunos de los principales autores de los Estados Unidos.

Muchos maestros son bien conscientes de cómo la alabanza motiva a los niños. Un maestro dijo que elogiaba todos los días a cada alumno en su clase de tercer grado, sin excepción. Sus alumnos eran los más motivados, los más estimulados, y los más entusiastas de la escuela. Yo (Gary) recuerdo lo que sucedió cuando mi profesor de geometría en la escuela secundaria comenzó a reconocerme regularmente. En seis semanas, mi promedio de D se transformó en una A.

Es maravilloso cuando un maestro tiene la oportunidad de inyectar una palabra de reconocimiento en la vida de un niño. Pero después de años de aconsejar, hemos llegado a la conclusión de que la forma más poderosa de reconocimiento tiene lugar *en el hogar*, y si se la niega, puede dejar una herida permanente en la vida de un niño.

"Más largo, papito, más largo . . ."

Recientemente, se me acercó una mujer en una conferencia después que yo (John) había terminado de hablar sobre la enorme necesidad que todos tenemos de reconocimiento.

"Doctor Trent, ¿puedo contarle mi historia? — preguntó —. En realidad, es una historia de algo que mi hijo hizo con mi nieta, que ilustra lo que usted ha estado explicando: la importancia del reconocimiento.

"Mi hijo tiene dos hijas, una de cinco años y otra que tiene la 'terrible edad de dos años'. Cuando una *abuela* dice que esta niña tiene la 'terrible edad de dos años', ¡*créame* que es así!

"Durante varios años, mi hijo ha sacado a pasear a la hija mayor, pero nunca había sacado a la niña de dos años hasta hace poco. En su primera 'cita' con la más jóven, la llevó a desayunar en un restaurante de comida rápida.

"Ya les habían servido los panqueques, y mi hijo decidió que sería un buen momento para decirle a esta niña cuánto la amaba y apreciaba."

— Jenny — le dijo su hijo — quiero que sepas cuanto te amo, y cuan especial eres para mamá y para mí. Oramos durante años para que vinieras, y ahora que estás aquí, y que te estás transformando en una niña tan maravillosa, nos sentimos muy orgullosos de ti.

Luego de haber dicho todo esto, dejó de hablar y tomó el tenedor para comenzar a comer . . . pero no pudo llevarse el tenedor a la boca.

Su hija estiró su pequeña mano y la colocó sobre la mano de su padre. Los ojos del padre se encontraron con los ojos de su hija, quien con una voz suave e implorante le dijo:

— *Más largo, papito . . . más largo.*

El padre bajó el tenedor y prosiguió relatándole más razones y formas en que la amaban y apreciaban, y luego volvió a tomar su tenedor. Por segunda vez . . . por tercera vez . . . y por *cuarta* vez, volvió a escuchar las palabras: "Más largo, papito . . . más largo."

Su padre no comió mucho esa mañana, pero su hija recibió el alimento emotivo que tanto necesitaba. En realidad, pocos días después, corrió espontáneamente hacia su madre, y le dijo: "Soy una hija realmente especial, mamá. Papito me lo dijo."

Las palabras tienen un poder tremendo para edificarnos o derribarnos emocionalmente. Esto es especialmente cierto dentro de la familia. Muchas personas pueden recordar con claridad palabras de elogio que sus padres les hablaron hace años. Otras pueden recordar palabras negativas e hirientes, y toda la escena está grabada vívidamente en su mente.

Las palabras de reconocimiento de las madres y de los padres, son como los interruptores de la luz. Diga una palabra de reconocimiento en el momento adecuado en la vida de un niño, y equivaldrá a iluminar toda una habitación llena de posibilidades.

Vaya, eres un buen ayudante, Tommy. ¿Sabes? ¡me encanta tenerte cerca! Tú iluminas toda nuestra familia.

¡No puedo creer los colores que utilizaste en ese cuadro, Sara! ¿Ves como combinan aquí? Realmente tienes un buen ojo para los colores.

Ken, ése fue apenas tu segundo partido de fútbol, pero quedé realmente impresionado por la manera que parecías percibir hacia dónde iba la pelota. No todos pueden hacer eso. Yo no lo podía hacer cuando era niño. Estoy seguro que vas a ser realmente bueno en este juego.

¿Eras tú la que estaba cantando, Jean? ¡Estás bromeando! Vaya, tienes una voz hermosa. Espero que cantes en el coro cuando seas más grande.

Es lamentable que las palabras negativas, o sencillamente la falta de palabras alentadoras, pueden apagar las luces en la vida de un niño. Luces que quizás nunca se vuelvan a encender.

Salomón escribió: "El hombre se alegra con la respuesta de su boca; y la palabra a su tiempo, ¡cuán buena es!" (Proverbios 15:23). Y otra vez: "Manzana de oro con figuras de plata es la palabra dicha como conviene" (Proverbios 25:11).

Pocos comprendemos o apreciamos en realidad el verdadero poder de las palabras. Sin embargo, la Epístola de Santiago utiliza varios cuadros asombrosos de la palabra para ayudarnos a comprender esa fuerza.

En primer lugar, Santiago presenta nuestra lengua como un "freno" usado para dirigir un caballo (Santiago 3:3). Si usted puede controlar la boca de un caballo por medio de un pequeño freno, todo el animal se moverá en la dirección que usted elija. El segundo cuadro presenta este mismo principio de un modo diferente. Aquí se utiliza un "muy pequeño timón" para dirigir una gran nave en medio del mar (3:4). Estas analogías destacan la manera en que las palabras habladas pueden dirigir y controlar a una persona o a una relación.

Una madre, un padre, una tía, un tío o un amigo, puede utilizar este poder de la lengua para bien. Él o ella puede alejar a un niño de problemas, o puede guiar a un amigo a tomar una decisión importante. Él o ella puede ministrar palabras de aliento o plantar semillas de alabanza que pueden llegar a ser árboles poderosos, como columnas que sostienen toda una vida.

Hasta el más pequeño acto de reconocimiento puede brindar grandes beneficios a un niño. ¡Cuán pequeñas pueden ser esas semillas! Una mujer que conocemos tenía una muy pobre imagen propia cuando estaba cursando la escuela secundaria. A causa de varias enfermedades en la niñez, era pálida, delgada y poco desarrollada para su edad. Sin embargo, la alerta esposa de un pastor encontró algo que felicitar. Deteniendo a la joven en la iglesia un domingo, la mujer le dijo: "Teri, te ves tan bien con esa vincha roja. ¡Creo que el rojo te queda muy bien!"

El comentario sólo demandó unos pocos segundos, y hace décadas que fue pronunciado. Esa joven estudiante es ahora esposa y madre. Sin embargo, si pudiera mirar dentro de su armario vería inmediatamente que predomina el color rojo. Se ha sentido bien utilizando ese color desde entonces.

Las oportunidades de reconocimiento son variadas, pero hace falta un padre alerta y perceptivo para aprovechar el momento al máximo. Los hijos miran a sus padres para poner los acontecimientos de sus vidas, los buenos y los malos, en su marco adecuado. Mamá o papá tienen la oportunidad de *fijar el marco* y de asignar el significado a tales acontecimientos. Hace falta un padre amante y atento para transformar una piedra común en un *hito* en la vida de un hijo o de una hija.

Esto puede ser muy cierto en los años de la adolescencia. A la tierna edad de dieciséis, todo en la vida parece magnificarse de alguna manera. El menor revés o la menor humillación pueden ser devastadores. El más insignificante desliz o fracaso puede ser sumamente embarazoso. De la misma manera, el menor aliento — de la persona indicada en el momento indicado — puede ser tremendamente significativo.

Los muchachos y las señoritas adolescentes están como parados sobre una cuerda floja entre la niñez y la edad adulta, y siempre hay algo que sacude un extremo de la soga o el otro.

Hace pocos años, observé a mi hijo menor en esa móvil cuerda floja, y francamente me pregunté cómo lo haría. Durante su segundo año en la escuela secundaria, el principal deseo de Miguel parecía ser el permanecer *invisible*. Sus notas eran regulares. Se conformaba con quedar en el segundo plano. Practicaba varios deportes, pero nunca parecía inclinado a destacarse. Su lema parecía ser "confórmate con aprobar".

Entonces, el verano anterior a su penúltimo año en la escuela secundaria, sucedió algo sorprendente que cambió dramáticamente esa actitud ante nuestros ojos. En el Campamento de Kannakuk en Branson, Misuri, (que consideramos el mejor campamento cristiano del país), Miguel fue elegido "jefe" de su campamento secundario, luego de haber sido uno de los cinco candidatos en un grupo de más de trescientos estudiantes.

Antes del anuncio, estaba entusiasmado con su candidatura, pero siempre agregaba en toda conversación: "Sí, yo sé que no voy a ganar."

Sin embargo ganó, y era la primera vez que había ganado en algo en su vida. ¡Estaba pasmado! Fue sin lugar a dudas uno de los días más extraordinarios de su vida. Pero cuando pienso en eso ahora, ¡cuán fácil hubiese sido para Norma y para mí, de vacaciones en una cabaña cerca del campamento, haber dado poca importancia o haber pasado por alto ese momento en la vida de nuestro hijo! Podría haber dicho . . .

"¿Cómo? Ah, sí, está muy bien, Miguel. Muchacho, ¿viste el águila volando sobre el lago esta mañana? ¿Viste qué grande era? Debe haber tenido . . ."

"¿Jefe? Vamos, te falta mucho. Norma, ¿quisieras ir a Branson y hacer algunas compras esta tarde?"

"Bueno, no es para dejarse impresionar, Miguel. Recuerda que esto es sólo un campamento. Ahora, si te esfuerzas un poco más en la escuela podrías . . ."

Miguel miró hacia nosotros para ver cómo *interpretábamos* ese honor que había recibido de sus compañeros. Para poner un marco de referencia alrededor de ese día en su vida. ¿Era importante o no lo era? ¿Decía algo acerca de su potencial o no? Nosotros podríamos haber destruído fácilmente — e inadvertidamente — ese momento si nos hubiésemos preocupado por otras cosas, y en lugar de encender una luz en su vida, la hubiésemos apagado, quizás por el resto de su existencia.

Pero luego de haber perdido demasiadas oportunidades de reconocer a mis hijos, estaba resuelto a no perder ésta. Casi me salí de la horma. Estaba entusiasmado. Todos lo abrazamos, felicitándolo sin cesar. Uno de nuestros queridos amigos, Jim Shaughnessy, intervino y dijo: "¡Fabuloso, Miguel! ¡A mí nunca me ha sucedido nada parecido!"

Al día siguiente fuimos a un artista de esculturas en madera, y le hicimos grabar una placa grande con una cabeza de indio sobre ella. Compré algunas pinturas y pinté las plumas del tocado, y luego inscribí la placa con un mensaje:

JEFE SMALLEY
Campamento Kannakuk
Verano de 1988

Hasta el día de hoy, esa placa está colgada en un lugar destacado del dormitorio de Miguel.

Pero algo sucedió ese verano que fue más significativo que un recuerdo colgado de una pared. El cambio en la vida de mi hijo fue sorprendente. Uno casi podía verlo diciéndose a sí mismo: *Quizás soy capaz. Quizás puedo lograr algunas cosas.*

Prosiguió hasta ser presidente del grupo de estudiantes de su escuela secundaria, jugó en un equipo del campeonato universitario de baloncesto y fútbol, y se puso serio con relación a sus notas y a su ingreso a la universidad. Este efecto que comenzó con tan poco en el campamento . . . fue una piedra ordinaria en el camino, que se transformó en un hito.

Como padre, usted tiene la imponente responsabilidad de inmortalizar esos momentos en la vida de su niño. Uno de nuestros amigos nos dijo recientemente, casi llorando, que sus padres nunca fueron ni a un solo partido de pelota donde él jugaba, ni a sus actividades cuando era muchacho. Hasta el día de hoy, recuerda estar parado sobre un escalón con su ropa de coro, frente a un numeroso público como integrante de un coro juvenil selecto de todo el estado, sin sentir ningún gozo ni entusiasmo. Su corazón parecía pesado y frío, porque su padre y su madre, ambos profesionales de nivel, no estaban en el auditorio. Ninguno de ellos "tenía tiempo" para asistir.

Un incidente que podría haber sido cuidadosamente enmarcado y honrado para toda la vida fue desechado. El recuerdo no le causa ningún placer a nuestro amigo, porque sus padres no le dieron ningún valor.

Debemos buscar hasta la más pequeña de las oportunidades para reconocer a nuestros niños, a nuestro cónyuge, o a nuestros amigos, *controlando cuidadosamente nuestras críticas.*

Esto es muy cierto para los que les agrada decir: "No te estoy criticando . . . sólo estoy criticando tu comportamiento." Para muchísimas personas, lo que son y lo que hacen está tan íntimamente ligado, que golpear uno significa destrozar al otro.

Otro amigo nos habló acerca de haber "inspeccionado" el trabajo de limpieza de la sala familiar hecho por su hija de seis años. Realmente había trabajado duro y sus ojos estaban llenos de expectación mientras tomó la mano de su padre y lo condujo a la sala.

Nuestro amigo realmente había querido animarla, y sin embargo las primeras palabras que pronunció fueron: "Bueno, no está *perfecto*, pero . . ." Él describió como su hija bajó el rostro en un instante y comenzó a llorar. El gozo que ella tenía por lo que consideraba un "trabajo bien hecho" se evaporó a toda velocidad.

¡Cuán rápido señalamos un aspecto negativo, mientras ignoramos cinco positivos!

"Sí, acertaste tres golpes de cuatro en ese partido, pero creo que podrías haber convertido ese último tanto. Creo que se debe a tu posición en la base. Si tan sólo . . ."

"¿Te peinastes sola esta mañana? Ya me di cuenta. ¡Hay un mechón de pelo parado atrás!"

Si como padres no somos cuidadosos, nuestro lenguaje

corporal y nuestras expresiones faciales tendrán la tendencia de reducir nuestra alabanza y aumentar la crítica.

Aquí hay varias sugerencias para construir el reconocimiento en la vida de su familia. Practique estas cosas y la luz comenzará a irradiar de las ventanas de su hogar . . . y de los ojos de aquellos a quienes usted ama.

1. Tenga la meta de elogiar por algo a cada uno de sus hijos, por lo menos una vez al día

Un padre debe estar a la caza de cosas que puedan reconocerse. Usted está buscando oro, buscando una pepita pequeña y brillante en una batea llena de rocas grises y de arena ordinaria. Cuando usted encuentra ese grano de oro, déjese llevar por sus emociones un poco. "¡Oro! ¡Oigan, miren esto! ¡Encontré oro!"

La hora de acostarse es un buen momento para analizar su meta de elogiar a cada niño. Si al analizarla se da cuenta de que no ha dicho nada positivo durante todo el día, ¡tómese el tiempo para decirlo entonces!

Cindy y yo (John) a menudo nos sentamos sobre la cama de nuestra hija, y utilizamos los últimos instantes del atardecer para derramar otra copa de ánimo sobre la vida de nuestra pequeña. Los primeros y los últimos diez minutos del día son tan cruciales. ¡Imagínese la importancia de despertarse y acostarse cada noche sintiéndose amado y valorado! No hay nada mejor que enviar a un pequeño hijo o hija al país de los sueños con cálidas palabras de alabanza paternal resonando en sus oídos, y despertarlos con la misma melodía.

2. Intercale todas sus críticas entre palabras de reconocimiento

¿Debería usted criticar? Claro que sí, pero hasta esto puede transformarse en una experiencia de reconocimiento. Tratamos de emplear la "filosofía del emparedado" con nuestros niños. La "carne" es la crítica, y el "pan" a ambos lados es la alabanza. ¡Asegúrese de que el pan a cada lado tenga un metro de espesor!

En el libro *The Sixty Second Father* [Padre por sesenta

segundos], el autor sugiere ponerse firme con su hijo durante treinta segundos, y luego apoyarlo durante los próximos treinta segundos, asegurándose que el último énfasis verbal sea nada más que sólido elogio y admiración.

3. Sea específico en sus elogios

Los elogios *específicos* son mucho más eficaces que los elogios *generales*. Puede ser que un niño aprecie que le despeinen los cabellos le digan: "Eres un gran chico", pero probablemente no lo recordará. Tómese el tiempo necesario para citar cosas específicas (¡esto requiere mantener los ojos bien abiertos!).

"Has sido una amiga leal para Michelle. Es fácil abandonar a los amigos u olvidarse de ellos cuando tienes una diferencia o cuando haces nuevas amistades. Pero siempre le has sido fiel. Esto me dice algo acerca de tu carácter, algo que me enorgullece."

"Observé la manera como le diste ese juguete a tu pequeña hermanita, aunque ella obtuvo el vale de la caja de cereales la semana pasada. Eso fue muy generoso de tu parte, y estoy seguro que agradó al Señor."

Tanto los Smalley como los Trent a menudo usamos descripciones vívidas para expresar de un modo tangible una característica específica que deseamos elogiar.

Por ejemplo, hace algunos años, Gary y yo debíamos salir en un viaje publicitario poco antes del día de San Valentín. Ahora bien, no se sientan mal por Cindy y por Norma. Ellas recibieron una cena especial antes que saliéramos, flores y tarjetas ese día, y una segunda celebración de San Valentín cuando regresamos. Sin embargo, de todas las cosas que hice para expresar mi amor a mi esposa, se destacó una.

Antes de salir de viaje, le di a Cindy una pinza para tender ropa, hecha de madera, de las que cuestan cinco centavos, inscrita con estas sinceras palabras: "Mi amor, tú haces una labor tan bella al mantener la familia unida, a pesar de toda nuestra actividad, que quise darte este broche."

Cuando regresé al hogar, allí estaba el broche que le había dado. Sólo que ahora se había transformado en un recuerdo perdurable de aquellas pocas palabras que había compartido. Mientras estuve de viaje, ella le había pegado un pequeño imán en la parte de atrás, y había dibujado un corazón rojo en el frente, ¡y lo había colocado en un lugar destacado sobre el refrigerador! (Recuerde: Si quiere saber qué es realmente importante para una persona, ¡sólo mire la puerta de su refrigerador!).

Los años pasan rápidamente. Las oportunidades para dejar caer semillas de ánimo en el suelo fértil del corazón de un niño o de una esposa, pueden no ser tan numerosas como pudiésemos imaginar. Dejemos a un lado algunas de nuestras numerosas distracciones "importantes", y asegurémonos de hacer este gran bien en nuestros hogares . . . hoy.

El apóstol Pablo probablemente lo expresó en la mejor forma: "Ninguna palabra corrompida salga de vuestra boca, sino la que sea buena para la necesaria edificación, a fin de dar gracia a los oyentes . . . Mirad, pues, con diligencia como andéis, no como necios sino como sabios, aprovechando bien el tiempo, porque los días son malos" (Efesios 4:29, 5:15-16).

3
UN TOQUE
EXPRESIVO

> **℞**
>
> **Remedio:**
> *Un toque expresivo*
> **Síntomas:**
> *Angustia*
> *Temor*
> *Soledad*
> *Sentimientos de*
> *separación*

El joven recluta se puso en la fila con los demás adolescentes para recibir su pollo asado. Resulta gracioso cómo algunos pueden parecer tener dieciocho años, hasta que uno los mira en los ojos. Creo que fue esta mirada inquieta que me hizo observarlo esa noche. Por la ventana de sus ojos, se miraba a un anciano cansado, no como la multitud de muchachos felices que lo rodeaban.

Yo (John) era parte de un equipo de trabajo en el hermoso campamento de *Young Life* [Vida joven] en Trail West, en un lugar elevado de las montañas Rocosas, en el estado de Colorado. Mi labor esa noche era pararme al frente de la fila y entregar el pollo asado de mejor sabor y mejor aroma que jamás hubiese comido, antes o después.

Teníamos nuestra enorme parrilla encendida en el medio de una gran pradera llena de césped, rodeada por enormes y solemnes pinos que se asemejaban a un cerco majestuoso. El sol se estaba ocultando detrás de las cumbres de las montañas que nos rodeaban, mientras el fragante humo de nuestra parrilla se alejaba a través del claro.

Transcurría el año 1969, el verano de mi primer curso en la escuela secundaria. No se me ocurrió entonces, pero mientras los estudiantes secundarios que se reían y hacían ruido esperaban su cena esa noche, algunos de sus padres, amigos, compañeros de estudios y hermanos mayores estaban luchando y muriendo en los arrozales y en las junglas del sudeste de Asia.

Fue fácil identificar al joven veterano de Vietnam en nuestro medio. En una época de patillas y cabello largo, su cabeza pelada al rape llamaba mucho la atención. Había terminado sus estudios secundarios hacía dos años, pero sus padres habían obtenido un permiso especial para que asistiera al campamento.

Esa fue una guerra loca. Dos semanas antes, él había estado luchando por su vida, observando a sus compañeros morir en el campo de batalla. Entonces terminó su turno de servicio; fué retirado por helicóptero de una dura lucha y trasladado a Saigón, donde se embarcó en un vuelo comercial, y regresó a su casa.

Todo sucedió exactamente así.

Ahora estaba de licencia, haciendo fila en una pradera de las montañas Rocosas con un puñado de jóvenes que no parecían preocuparse por el mundo.

Lo había observado por primera vez cuando era más o menos la cuarta persona en la fila. Su rostro estaba muy pálido, y estaba visiblemente temblando. Recuerdo haber pensado: *"Algo anda mal con ese joven. Debe estar enfermo."*

Al acercarse a la parrilla, comenzó a temblar con mayor intensidad. Tomé un trozo de pollo con las tenazas y estaba por servírselo, cuando de pronto dejó caer su plato, derramando los frijoles y la ensalada en el suelo y sobre la persona que estaba delante de él. Con un llanto ahogado, salió corriendo hacia la selva.

Todos dejaron de hablar y se limitaron a mirarlo fijamente. Nos preguntábamos: ¿Qué le sucede a ese muchacho?

Nuestro líder en *Young Life* [Vida joven] corrió detrás de él, y cuando ambos desaparecieron entre los árboles, la fila siguió avanzando.

Doug lo encontró oculto entre los árboles, temblando como una hoja. El hombre mayor, un fornido ex jugador de fútbol, era unos treinta centímetros más alto que el soldado, y probablemente pesaba unos cuarenta y cinco kilos más que él. Pero sin decir una sola palabra, puso suavemente sus abrazos alrededor del tembloroso joven y lo sostuvo firmemente.

El joven soldado apoyó su rostro contra el pecho de nuestro líder y sollozó sin control. Estuvieron parados juntos en la penumbra por casi veinte minutos. El hombre joven sollozando, el hombre mayor sosteniéndolo, sin decir nada.

Cuando el joven se tranquilizó, se sentaron juntos sobre un tronco, y el veterano trató de explicar lo que estaba sucediendo.

"Allá en Vietnam", dijo, "si usted estuviese en un campo abierto como este, con tanta gente alrededor, podría esperar un ataque con morteros." Él acababa de ver morir a su sargento por una granada. Y no importaba cuanto se esforzase, no podía evitar el recuerdo del escenario y de los sonidos.

Justo antes que llegase al primer lugar en la fila, le pareció oír el silbido del fuego de artillería, y los gritos de "¡Ataque! ¡Ataque!". No pudo resistir más, y salió corriendo para buscar refugio.

Eso sucedió durante el segundo día del campamento, de lo que sería la semana más importante en la vida de ese joven. Antes que finalizara la semana, el soldado entregó su vida a un nuevo comandante, a Jesucristo. Pero no por los motivos que usted pudiera pensar.

Durante la última noche del campamento, mientras todos estábamos sentados alrededor de una gran fogata, se invitó a los campamentistas a pararse y confesar públicamente su fe, si habían aceptado a Cristo esa semana.

Muchos hombres y mujeres jóvenes respondieron al llamado, citando mensajes del predicador, el aliento de un amigo cercano al hogar, y otros motivos por los cuales llegaron a conocer personalmente a Jesucristo. El joven soldado fue uno de los últimos en pararse.

Su historia era muy distinta a las del resto. Comenzó diciendo cuán escéptico se había sentido acerca de venir al campamento. En realidad, el único motivo por el cual aceptó venir, fue que sus padres le prometieron comprarle un automóvil usado. La idea de tener su propio auto lo convenció, y aceptó de poca gana venir al campamento.

Aunque todos habían sido "muy amables" con él, no fue una amistad especial lo que lo llevó a tomar su decisión. Y aunque el predicador tuvo buenos mensajes, y había explicado claramente el evangelio, tampoco fue por causa de él que estaba respondiendo al llamado de Cristo.

Lo que realmente había quebrantado su corazón era "ese hombre grande" Doug, quien había estado dispuesto a quedarse de pie allí entre los árboles junto a él, hasta que cediera la pesadilla. Dios utilizó un abrazo, no una conferencia, ni una larga caminata entre los árboles, ni siquiera un testimonio, para ganar la gran batalla espiritual que él estaba luchando.

El poder del toque

Lo subestimamos, lo usamos muy poco, y sin embargo, el toque tiene el poder de calmar instantáneamente, de tranquilizar, de transferir coraje, y de estabilizar una situación que comienza a descontrolarse. En la medida en que elijamos utilizarlo en nuestras relaciones familiares, haremos retroceder las sombras amenazantes del enojo, de la amargura, de la soledad, y de la inseguridad.

Ya sea que una persona esté luchando mental, emocional, espiritual o físicamente, un tierno toque es también muy importante para comunicar preocupación, amor y valor durante las épocas más apacibles de la vida. Los estudios médicos muestran que los hombres que abrazan y tocan expresivamente a los demás, ¡son en realidad más saludables y viven más que los que no lo hacen!

Todos necesitamos ser tocados. Creemos que Dios no sólo lo

ordenó, lo *exhibió como modelo* en Cristo. Los cónyuges necesitan tomarse, tocarse y acariciarse mutuamente con regularidad.

Los padres necesitan abrazar a sus hijos con regularidad, leyéndoles, y efectuando caminatas donde tomarse las manos o colocarle un brazo sobre el hombro es tan natural como dar el próximo paso. Tanto las madres como los padres debieran buscar de diez a veinte oportunidades cada día para dar contacto físico a sus hijos. Esto crea proximidad, y un sentido de pertenencia y seguridad, y es un factor importante para la salud de la familia.

Muchos padres no se dan cuenta, pero cada niño tiene un "banco" de toques, y en la medida que mantengamos un saldo saludable en dicha cuenta, los estamos ayudando a resistir relaciones inmorales y una hueste de otros sustitutos dañinos de la ternura paternal que tanto ansían.

Hace poco oímos una historia conmovedora de un niño de siete años, que refleja en forma extrema la profunda necesidad que tiene cada niño de ser sostenido y tocado con cariño.

Brian era el menor de siete hijos. Cuando tenía sólo cuatro años su padre abandonó la familia y dejó a la madre como el único sostén.

Para poder alimentar a siete bocas hambrientas, la madre de Brian tuvo que tomar dos empleos, y dormir aun menos que antes. Brian se adaptó al nuevo horario de su madre lo mejor que pudo, apoyándose en los otros niños para atender la mayor parte de sus necesidades. Pero había algo que llenaba sus pensamientos desde el momento en que su madre salía temprano por la mañana, hasta el momento en que regresaba al hogar tarde por la noche.

"Mamita" solía llorar cuando la veía. "¡Abrázame! ¡Abrázame!"

Exhausta por sus días agotadores y sobrecargada por las presiones de tratar de mantener a la familia unida, la última cosa que esta madre deseaba era que un niño de cuatro años saltara a sus brazos cuando llegaba al hogar. Sin dejar lugar a dudas, lo empujaba a un lado, siempre explicándole que necesitaba "un poco de tiempo y de espacio" antes de ocuparse de sus hijos.

Quizás un adulto pudiese comprender por qué ella necesitaba su "espacio". Pero negarle a ese pequeño niño su profunda necesidad de un toque expresivo, era como alejarlo de la única fuente de calor del hogar en una fría noche de invierno.

En un intento deseperado por lograr alguna clase de seguridad y cercanía a su vida, el pequeño Brian solía entrar en la habitación de su madre por la noche, antes que ella llegase al hogar. A menudo, solía llevar una de sus blusas o enaguas a la cama con él. El aferrarse a sus ropas y tener su olor alrededor de él era lo único que podía detener sus lágrimas y ayudarlo a dormirse. A los siete años de edad, luchando con sus estudios, Brian había llevado un trozo de la ropa de su madre a la escuela con él, nuevamente para darse la seguridad que le faltaba sin el toque de su madre. Pero cuando el trozo de ropa se cayó de su camisa durante el recreo, una maestra compasiva descubrió la verdadera razón detrás de ello, y obtuvo para Brian y su familia la tan necesitada ayuda.

La historia de Brian no es un caso aislado. Los estudios sobre la privación de toque comprueban que los bebés y los niños realmente se enferman y mueren por la falta de toque. Un incidente del que tuvimos conocimiento hace poco, confirmó nuestra convicción acerca de este aspecto crucial de la unión familiar.

Cuando falta el toque

La historia de la joven mujer parecía demasiado familiar. Tuvo que crecer rápidamente cuando tres acontecimientos importantes se superpusieron casi al mismo tiempo: la graduación de la escuela secundaria, un resultado positivo en un análisis de embarazo, y el pronto desalojo de la casa de sus padres.

El próximo paso era también demasiado familiar. El novio que la había embarazado, y que le había hablado con tanta ternura, de pronto decidió que "ya no la amaba más", e ingresó en la Marina.

Antes que pudiera comenzar a adaptarse al confuso cambio

en el ritmo de vida, se encontró con un bebé, viviendo en una choza de un dormitorio, y trabajando lo bastante en un supermercado como para poder pagar el alquiler, contratar una niñera y traer el alimento al hogar.

Ya que no había otra persona con quien poder enojarse, la madre se enojó con su hijo, un bebé con cabello rubio muy parecido a su padre. Nunca lo castigó. Nunca le gritó, y siempre le cambió los pañales y lo alimentó. Simplemente decidió que no iba a tocarlo.

Cuando el bebé lloraba, no lo consolaba. Cuando se despertaba de una siesta, no le sonreía. Para este pequeño niño, no habían palmaditas, ni mimos, ni cosquillas, ni besos, ni le tomaban la mano. La vida había sido fría para ella; y ella iba a ser fría con el bebé.

Cuando el niño tenía cuatro años, había llegado a relacionar cualquier toque con el temor de enojo y de disciplina. Cuando se portaba mal, recibía una paliza. Esa era la única clase de "toque" que conocía.

Su maestra de la Escuela Dominical supo en seguida que tenía un serio problema, a los cinco minutos de haber llegado el niño por primera vez. Para decirlo en términos amables, el niño estaba aterrorizado.

La sabia maestra miró más allá del comportamiento del pequeño niño, y se reunió con la madre al otro día. Suavemente, pero con firmeza, urgió a la joven madre a hablar con su consejero espiritual. Luego de hacerle ver su necesidad de un Salvador, este consejero puso en sus manos uno de nuestros libros, *The Blessing* [La bendición].

La madre leyó las páginas ávidamente, y muy pronto llegó a dos conclusiones aplastantes. En primer lugar, se dio cuenta de que uno de los motivos principales por los que había ansiado la intimidad con su novio, era que ni su madre ni su padre la habían tocado ni mostrado ninguna ternura física mientras crecía. La segunda cosa que comprendió, fue que ella estaba haciendo exactamente lo mismo con su hijo.

El haberse dado cuenta de esto le trajo una profunda convicción. De pronto todo parecía claro, se quebrantó su resistencia y se puso a llorar en la oficina del consejero. Quizás no fuese demasiado tarde. Su hijo tenía sólo cuatro años. No podía recuperar los días transcurridos . . . pero podía comenzar de nuevo. Decidió cambiar ese mismo día y darle a su hijo un gran abrazo.

Este cambio produjo una profunda impresión en su hijo. En realidad, se llevó un susto tremendo.

"Ven aquí", le dijo cuando salió del aula de la Escuela Dominical. "Mamita quiere darte un fuerte abrazo."

Los ojos del niño se agrandaron y luego salió corriendo. Probablemente pensó, *Es un truco. Me va a tomar y me va a dar una paliza.* Cuanto más trató de alcanzarlo y tomarlo, tanto más histérico se puso el niño.

Llevó tiempo. Mucho tiempo. Una y otra vez solía decirle: "Ven, mi amor, quiero darte un abrazo sólo porque te amo." Con la misma frecuencia él gritaba, salía corriendo, lloraba o trataba de librarse de sus brazos. Hasta que llegó el día en que la miró a través de la habitación, sonrió tímidamente, corrió a sus brazos y le dio un abrazo *a ella.* Ése fue el comienzo en esta nueva relación entre una madre que estaba aprendiendo cómo tocar con ternura . . . y un pequeño niño que estaba aprendiendo cómo asimilarlo.

Un tiempo después, ella solía reirse y decir a su consejero: "¡Yo necesito esos abrazos tanto como él!" Ambos habían emprendido el camino a su recuperación.

La ternura a prueba

A medida que mis hijos han ido creciendo, yo (Gary) he visto el fruto de la ternura consecuente en sus vidas. Mi familia está acostumbrada a que la abracen. A veces mi hija Kari de veintidós años toma a su hermano Miguel, de diecisiete, y le da un gran beso. Miguel aparenta firmeza y representa un pequeño arbusto que está siendo rociado con insecticida. Pero le encanta, e incluso lo espera. Hemos *entrenado* a nuestros hijos a esperarlo. Es tan normal y natural que no se sienten incómodos acerca de ello. Mis hijos pueden abrazarme en cualquier contexto.

Hace poco hablé en la escuela secundaria de Miguel a una clase, y me encontré con él en el pasillo reunido con un grupo de sus amigos. Él arrojó sus brazos alrededor de mí y me dio un fuerte abrazo. En lugar de mostrarse incómodos o despectivos, era obvio que varios de sus amigos envidiaban esta clase de relación.

Cuando mis hijos entran en contacto con amigos en la escuela y en los campamentos, que nunca son abrazados en sus hogares, siempre me animan para que "vaya y hable con los padres". Lo que han experimentado en su hogar parece normal. La ausencia de esa clase de ternura parece *anormal*.

¡No se imagine que todo esto me ha sido fácil o natural! Vine de un hogar donde las caricias no existían, y no puedo recordar que mi padre me haya abrazado. Aun después que acepté al Señor y que aprendí que la blanda respuesta quita la ira (Proverbios 15:1) y que uno de los principales frutos del Espíritu era la "bondad" (Gálatas 5:23) nunca apliqué ninguno de estos dos principios en mis relaciones más importantes.

Ya que no tuve la fortuna de tener un padre que supiera ser tierno con su esposa, no percibí que la suavidad y el toque expresivo durante los momentos de tensión era una opción, hasta después de varios años de casado. Fue entonces cuando percibí que una de las más grandes necesidades de una persona es ser consolada, especialmente en los momentos en que la vida parece estar embrollada.

Es nuestra oración que tú no le niegues este importante aspecto de la estimación a un hijo, como el padre de Jan lo hizo. Cuando Jan tenía doce años, y se acababa de trasladar a una nueva escuela, ella se sentía perdida y confundida.

Mi necesidad de que mi padre me abrazara y me dijera que todo iba a salir bien fue tan intensa en ese momento, que una noche salté a su regazo como si fuese una niña pequeña.

— ¡Quítate! — me gritó, y me tiró al suelo.

Caí sobre mi espalda, y él me gritó:

— ¡Nunca vuelvas a hacer eso!

Después de decir eso, salió furioso de la habitación.

¿Puede olvidarse fácilmente tal respuesta?

Han pasado más de veinte años desde que eso sucedió, y aún puedo ver y *sentir* vívidamente lo que sucedió.

Una verdad vital que hemos aprendido y que hemos visto

repetida en nuestra vida y en la vida de otros es: *El permanecer tierno durante una prueba es uno de los medios más poderosos para construir una relación íntima* (Santiago 1:19-20).

La reacción más común en momentos de crisis o de mucha ansiedad consiste en desenfrenarse o en sermonear — o en hacer ambas cosas — especialmente si el problema ha sido causado por el error de otra persona. Pero la ternura y el reconocimiento físico consecuente transforman y vigorizan a los que nos rodean.

El ejemplo supremo

Hemos hablado anteriormente del modo en que Dios ejemplificó estos principios cuando Jesús caminó por esta tierra. Ya no podíamos pensar en Dios como una deidad distante e indiferente en un rincón lejano del infinito. Él vino revestido de cálida carne humana. Y mientras caminó entre nosotros, sus manos nos tocaron.

El apóstol Juan se refirió a ese hecho crucial cuando comenzó a escribir su carta a la iglesia primitiva.

> Lo que era desde el principio, lo que hemos oído, lo que hemos visto con nuestros ojos, lo que hemos contemplado, y *palparon nuestras manos* tocante al Verbo de vida.
>
> 1 Juan 1:1

Parece que Jesús se tomó la molestia de expresar ternura física y tranquilidad. Cuando algunos padres y madres se apiñaron al frente de la fila con sus pequeños, los guardianes autoelegidos de Cristo trataron de intimidarlos y de mantenerlos a una buena distancia.

Sin embargo: "Viéndolo Jesús, se indignó, y les dijo: Dejad a los niños venir a mí, y no se lo impidáis; porque de los tales es el reino de Dios . . .Y tomándolos en los brazos, poniendo las manos sobre ellos, los bendecía" (Marcos 10:14,16).

Su ternura al tratar con nosotros, se manifestó de un modo sorprendente cuando un temido y desechado leproso vino a Él. Las Escrituras nos dicen que "Jesús extendió la mano y le tocó" (Mateo 8:3).

¿Puede imaginarse a las personas alrededor de Jesús retrocediendo ante tal acción? ¡Este hombre era inmundo! ¡Peligroso! ¡Contagioso! Sin embargo Jesús, en su sabiduría, conocía la necesidad de limpieza espiritual *y* de ternura física que tenía ese hombre.

Poco antes que Jesucristo fuese a la cruz, Pedro, Santiago y Juan lo acompañaron a la cumbre de una montaña. Mientras estaban allí, Él "se transfiguró delante de ellos, y resplandeció su rostro como el sol, y sus vestidos se hicieron blancos como la luz. Y he aquí les aparecieron Moisés y Elías, hablando con él" (Mateo 17:2-3).

Como si no fuese suficiente para hacer saltar sus interruptores, una nube de luz los cubrió, y la voz de Dios el Padre habló. Era demasiado. Los discípulos "se postraron sobre sus rostros, y tuvieron gran temor." Entonces, mientras aún estaban quitándose el polvo y sacudiendo sus sandalias, sintieron un toque familiar en sus espaldas. "Jesús se acercó y los tocó, y dijo: Levantaos, y no temáis" (vv. 6, 7).

Allí estaba el toque . . . un toque como ningún otro. El toque de un querido amigo. El toque de Dios.

Luego de la conmoción y el horror de la crucifixión, sus discípulos desconsolados necesitaban el toque del Señor más que nunca. Pero cuando Él se les apareció repentinamente estando las puertas cerradas, tuvieron miedo. ¿Cómo podían tocar un fantasma? ¿Las manos pasarían a través de Él? El Señor se apresuró en consolarlos. "Pero él les dijo: ¿Por qué estáis turbados, y vienen a vuestro corazón estos pensamientos? Mirad mis manos y mis pies, que yo mismo soy; palpad, y ved; porque un espíritu no tiene carne ni huesos, como veis que yo tengo" (Lucas 24:38-39).

Luego que Él ascendió al cielo, sus seguidores finalmente comenzaron a comprender sus intenciones. El toque de Dios no había sido quitado de entre ellos. Aunque no podían sentir el calor físico de la propia mano de Cristo hasta que volvieran a reunirse en el cielo, el Señor les hizo ver claramente que *ellos* debían ser sus manos y sus pies sobre la tierra. Cuando ellos tocaban a alguien en su amor y en su nombre, *Él* estaba tocando a esa persona.

Esto sigue siendo cierto hoy. Ese joven soldado asustado en nuestra historia inicial sintió brazos fuertes a su alrededor esa noche, y *esos brazos eran los brazos de Cristo*. Fue el Señor Jesús quien lo sacó del trauma, de la angustia y de la pesadilla al calor del amor eterno de Dios. Ese líder de Vida Joven permitió que él mismo fuera los brazos y las manos de Dios.

Hagamos lo mismo nosotros.

4
EDIFICANDO
EL CARÁCTER Y
LA RESPONSABILIDAD

℞

Remedio:

Justicia y Firmeza

Síntomas:

Falta de disciplina
Deshonestidad
Egocentrismo

Debía ser uno de los "Videos familiares más graciosos de los Estados Unidos."

La serie popular de televisión estaba presentando lo mejor de lo mejor. Estas eran supuestamente las pequeñas producciones caseras más cómicas del año, la cámara cándida norteamericana en su máxima expresión cómica.

Pero cuando pasaron al segundo finalista, el que perdió el premio de diez mil dólares, a mí (John) me costó mucho reírme. Y no es que la escena no fuese graciosa.

Mostraba a una niña de tres años sentada sola a la mesa en el comedor. Su madre y su padre habían salido del lugar, pero le habían indicado que se quedara hasta que terminara sus arvejas. Una cámara oculta registró sus acciones. Lo que hizo no fue ninguna sorpresa. En lugar de comer la ración modesta de arvejas, ella comenzó rápidamente a *ocultarlas*. Muy listo, ¿no es así? Las arvejas comenzaron a desaparecer mágicamente debajo de la taza, del plato, del mantel, y de la servilleta. (Se aplastan tan bien . . .).

Completada la acción, sus padres regresaron para chequear su "progreso".

— Bien, mi amor, ¿comiste todas tus verduras?

— Claro que sí, mamita y papito — pronuncia la pequeña voz, mientras muestra un plato limpio —. ¿No lo ven?

Una buena broma. Mamá y papá se ríen a carcajadas. El animador de televisión elogia el video. Toda la audiencia en el estudio se vuelve loca. Todos votan por la "pequeña mentirosa" y sonríen ante su aspecto listo. Y el sentido de honestidad de una pequeña niña (junto al de diez millones de otras pequeñas niñas que observan el programa a través de los Estados Unidos) hace un impacto directo debajo de la línea de flotación como un misil.

No es que no pueda ver el humor en un encubierto pequeño Watergate en la mesa del comedor por parte de una niña de tres años. Cuando yo tenía cuatro años, me mandaron a lavar la palangana de las tortugas. En vez de hacerlo del "modo clásico", decidí dar a mis verdes amigas un baño de espuma, en su propia palangana. Lógicamente, las tortugas no sobrevivieron la experiencia, pero todavía cuando me confrontaron con sus cuerpos limpios y llenos de burbujas, traté de negarlo. (Si no me *vieron* hacerlo, no debo ser culpable, pensaba entonces).

Esconder las arvejas debajo de los platos y bañar a las tortugas en burbujas tiene su aspecto gracioso . . . pero tales incidentes pueden guiar a una persona por un camino que no tiene nada de gracioso. Las Escrituras nos dicen que mentir no es nada encantador, aunque se desarrolle en un medio encantador. Como hemos visto una y otra vez, para ocultar una mentira es probable que tengamos que volver a mentir.

Esa madre y ese padre quizás no se rían tanto ahora, si no hicieron nada para controlar ese comportamiento "listo". Lo que habrán de descubrir, es que si usted le enseña a su hijo a ser deshonesto, deberá olvidarse de toda la enseñanza que le haya dado acerca de su *responsabilidad*.

¿Por qué? Porque el carácter y la responsabilidad son mellizos siameses; comparten órganos internos vitales. Y no puede separarlos quirúrgicamente sin causar un serio daño a los dos.

Cuando los padres nos preguntan cómo enseñar la responsabilidad a sus hijos, muchos parecen estar buscando una técnica, algo que puedan escribir en una tarjeta de siete centímetros por doce. Una breve fórmula vigorosa que puedan sacar de la oficina en el bolsillo. "¿No existe algún casete que podamos tocar mientras ellos están durmiendo, para fijar el concepto de manera subliminal?"

Bueno, sí. Probablemente haya un libro, un casete, o un seminario de ese estilo. Pero resulta interesante . . . que cuando uno abre las Escrituras, lee muy poco acerca de "técnicas" en la crianza de los hijos. Pero sí leemos mucho acerca del *carácter*: cómo usted lo necesita; cómo su hijo lo necesita; y sobre la responsabilidad que usted tiene de desarrollarlo en su propia vida y en la vida de su familia. Cuando se trata de cultivar el carácter y la responsabilidad, los atajos no existen.

La responsabilidad viene por medio del carácter

Decimos a los padres que si realmente desean infundir la responsabilidad en un niño, deben concentrarse en dos rasgos específicos del carácter. Si con la ayuda de Dios ellos pueden plantar estos dos rasgos que habrán de desarrollarse en las vidas de sus hijos y nutrirlos en los dos suelos fértiles a que nos referiremos más adelante, la responsabilidad se desarrollará naturalmente. Estos dos rasgos cruciales son la honestidad y el servicio. Los dos suelos esenciales necesarios para el desarrollo de estos rasgos son la *justicia* y la *firmeza*.

La planta de la honestidad

El esconder las arvejas debajo del plato puede parecer gracioso ahora, pero las posteriores manifestaciones de mentira y de engaño no lo son. Asegúrese de que usted *ande* y *hable* honestamente desde el comienzo mismo de la vida familiar.

Yo (Gary) recuerdo haber hablado a mis pequeños acerca de la verdad.

— ¿Ustedes saben en qué los transforma una mentira? — solíamos preguntar Norma y yo.

— No, ¿en qué?

— Los transforma en *mentirosos*. ¿Saben cuánto tiempo lleva recuperar la confianza de alguien a quien le han mentido?

— No.

— Lleva meses . . . quizás años.

Les conté la historia acerca de Jesús y el hombre poseído por una legión de demonios, que se relata en Marcos capítulo 5. Es un verdadero melodrama tal como está escrito, pero lo dramaticé esa noche para fijar el concepto. Jesús y los discípulos acababan de desembarcar cuando un hombre salvaje y peludo salió de entre los sepulcros, corriendo directamente hacia ellos. Estaba desnudo, sangraba de cien heridas distintas, y gritaba con todas sus fuerzas. Ustedes se pueden imaginar que todos estaban listos para saltar al bote, porque tenían mucho miedo. Todos, menos Jesús. Él reconoció el problema del hombre, y mandó a los demonios que lo dejaran. Los espíritus inmundos obedecieron y se lanzaron a un hato de cerdos, que pronto se despeñaron en el mar, gritando y gruñendo. (Las posibilidades dramáticas de esta historia son interminables).

— Chicos, ¡les voy a decir algo! Ninguno de nosotros quiere demonios dentro de *sí*, ¿verdad?

— Nooooo. Uh. De ninguna manera.

— ¿Saben que hay algo que puede sucederles . . . — les dije — cuando ustedes *invitan* a los demonios a su vida?

Sus ojos se abrieron, y les hablé acerca del enojo y de la culpa, cómo apaga la luz en nuestra vida y nos empuja hacia las tinieblas. Y cuando estamos llenos de tinieblas, estamos abiertos a toda clase de tentaciones terribles. Los demonios pueden entonces poner un pie dentro de nuestro corazón.

— ¡Papá! — exclamó de pronto Kari —. He robado algunas cosas en el supermercado de la esquina.

— ¡Yo también, papá!— susurró Greg.

— Bueno, chicos — les dije —, tengo una escalera en el garaje que no es mía. La pedí prestada y nunca la devolví.

Pertenece al lugar donde trabajo. Será mejor que arreglemos esas cosas, porque queremos estar seguros que no tenemos una conciencia culpable.

— ¡Sí! ¡Hagámoslo! — dijeron los chicos.

Al día siguiente fuimos a ver al gerente del supermercado, y Greg y Kari confesaron haber robado chicles. Luego los llevé conmigo para devolver la escalera. Mientras los hijos escuchaban, tuve que explicar dónde yo había estado durante los últimos diez meses. La experiencia nos impactó a todos; los hijos nunca la han olvidado.

Precisamente el año pasado mi hijo menor, Miguel, tuvo que luchar con el mismo problema. Un día llamó a su director técnico de fútbol y le dijo que tenía un tobillo lesionado, para poder faltar al entrenamiento. Luego resultó que había mentido.

— ¿Y bien, Miguel? — le dije.

— Papá, tendría que haber ido al entrenamiento. Me siento mal.

— De acuerdo, pero ¿qué vas a hacer?

— ¿Hacer? Bueno, nada.

— ¿Cómo que nada? ¿No vas a ir y confesarlo? ¿Quieres seguir mintiendo? ¿Quieres tener este problema? Permíteme decirte que si vas y confiesas algo a alguien, las posibilidades de volver a hacerlo son casi nulas. ¡Es tan embarazoso! ¿Quieres hacer lo que más te conviene, o vas a pasarlo por alto?

— Caramba, papá.

Retrocedí a una escena años antes. Estaba sentado en la oficina de mi profesor del seminario, confesando que había hecho trampa en mis tareas de lectura durante todo el semestre. Había informado haber leído más páginas de las que había leído realmente. Mi profesor lloró, y yo lloré. Él no me cambió la nota, pero el dolor y la humillación que sentí al confesar ese engaño me cambiaron a *mí*.

Miguel también fue y confesó, aunque le costó hacerlo. Pero pude ver una diferencia en su vida luego de ese incidente. Cambió su actitud acerca de ser "descuidado" con la verdad. Dio otro gran paso hacia la responsabilidad

La planta del servicio

El servicio es el otro eslabón fundamental en la cadena del carácter. Si los niños no pueden apreder a servir a los demás, nunca aprenderán a ser resposables.

En la familia Trent hemos tratado de comenzar esto con nuestra niña de cuatro años, Kari. Si una nueva familia se traslada al vecindario, le pedimos a Kari que prepare galletitas (con un poco de ayuda) para llevar a los nuevos vecinos. La acostumbramos a servir a su hermanita Laura, sosteniéndola, alimentándola y cantándole. Si los niños captan el hecho de que servir es realmente importante, y que mamá y papá dan el ejemplo, ello los ayuda a ser responsables.

Conocemos un matrimonio adinerado en Dallas, que ha luchado para enseñar el principio del servicio a sus hijos. Por un lado, estos niños habían tenido prácticamente todo lo que habían deseado por muchos años. Se habían acostumbrado tanto a que los demás satisfacieran *sus* necesidades, que la idea de "servir" parecía como algo propio de la Edad Media . . . o de Marte.

El padre de esa familia se dio cuenta de que estaba comenzando tarde, pero ¡caramba!, ¡era mejor comenzar tarde que no comenzar nunca!

Como una semana antes de las vacaciones, le dijo a su familia: "Vamos a hacer algo distinto este día de Acción de Gracias."

Sus hijos adolescentes se incorporaron en sus sillas y prestaron atención. Generalmente cuando decía cosas como esa, significaba algo exótico. Como por ejemplo practicar *windsurf* en las Bahamas. Pero no esta vez.

— Vamos a ir a la misión — les dijo —. Vamos a servir la cena de Acción de Gracias a algunas personas pobres y desamparadas.

— ¿Vamos a hacer *qué*?

— Vamos, papá, estás bromeando . . . ¿verdad? Dinos que estás bromeando.

Pero no estaba bromeando. Fueron con él por su firme insistencia, pero nadie se sintió contento por ello. Por alguna razón, su padre se había "vuelto raro" y aparentemente era algo que debía expulsar de su sistema. ¡Servir las mesas en la misión! ¿Qué sucedería si sus amigos se enteraran?

Ninguno podría haberse imaginado lo que sucedió ese día. Y ningún miembro de la familia puede recordar un mejor momento que hayan pasado juntos. Trabajaron con gran ahinco en la cocina, sirvieron pavo con relleno, cortaron porciones de pastel de calabaza, y llenaron una y otra vez numerosas tazas de café. Hicieron payasadas a los niños pequeños, y escucharon a los ancianos contar historias antiguas del día de Acción de Gracias.

El padre de familia quedó muy contento (por no decir *sorprendido*) por la manera como respondieron sus hijos. Pero nada lo podría haber preparado mejor para el pedido que sus hijos le hicieron unas semanas después.

"Papá . . . ¡queremos volver a la misión y servir la cena de Navidad!"

Y lo hicieron. Mientras los jóvenes corrían, se encontraron con algunas de las personas que habían conocido el día de Acción de Gracias. Una familia necesitada en particular había estado en sus mentes, y todos sus rostros se iluminaron cuando los vieron otra vez en la fila de los alimentos. Desde entonces, las familias se ha reunido varias veces. Los adolescentes consentidos se han arremangado más de una vez para servir a la familia de uno de los vecindarios más pobres de Dallas.

Hubo un cambio pronunciado pero sutil en ese hogar. Los jóvenes no parecían ya dar tanto las cosas por sentadas. Sus padres descubrieron que eran más serios . . . más responsables. Sí, fue un comienzo tardío. Pero fue un comienzo.

El suelo de la justicia

A pesar de todas sus buenas intenciones, usted será incapaz de enseñar estos dos rasgos vitales del carácter, si sus hijos perciben un clima de injusticia en su hogar.

Digamos que mamá y papá están tratando de establecer algunas reglas básicas sobre el "orden" en la casa. Antes que los niños salgan para la escuela por la mañana, dice la regla, deben tender sus camas y guardar sus ropas. Esto parece bastante razonable . . . hasta que pasan por el dormitorio de los padres antes de desayunar, y observan que la cama *de ellos* está como si acabase de pasar el huracán *Hilda*. Para cuando hayan tropezado con las zapatillas *Reebok* de papá en el pasillo y hayan levantado los guantes de mamá que están encima de la tostadora, quizás se sientan un poco cínicos.

Obviamente, esa es una situación injusta. Si los padres quieren que sus hijos aprendan algunas disciplinas básicas, será mejor que ellos mismos den el ejemplo con su propia disciplina.

Es sorprendente cuán temprano en la vida los niños comienzan a adoptar este concepto de la "justicia". Pareciera ser parte del equipo original de fábrica que viene de la sala de parto. Yo (John) recordé esto cuando Cindy y yo comenzamos a imponer algunas normas sobre el horario de televisión a nuestra pequeña hija Kari. Se le permitía observar ciertos programas en determinados horarios. Entonces, cuando terminaba el programa, se apagaba el televisor.

Nunca pensé en esa pequeña norma al prepararme una tarde para observar un programa con dos partidos de fútbol. (¿Se da cuenta *cuán largos* pueden parecer dos partidos seguidos de fútbol para una niña inquieta de tres años que quiere jugar con papá?) Antes de llegar al intervalo del segundo partido, Kari se sentó a mi lado y me preguntó: "Papá, ¿cómo puedes tú limitar *mi* tiempo de televisión, mientras que *tú* puedes mirar todo el fútbol que quieras?"

Entonces comprendí lo que estaba haciendo. Estaba tratando de enseñarle a ella su responsabilidad en cuanto a los hábitos de mirar televisión, pero yo mismo no estaba mostrando ninguna responsabilidad. No era justo. Esa injusticia era como una estática ruidosa en mi frecuencia de enseñanza; por lo que a ella le resultaba difícil recibir mi mensaje.

Una de las formas más rápidas de violar ese principio nato de "justicia", consiste en tratar a un niño de un modo distinto que a sus hermanos. Oímos hablar de un hombre de más de cuarenta años, que durante años no pudo dirigir una sola palabra civilizada a su hermana menor. Habría que considerar la historia de su familia para saber el motivo. Su padre había regresado de la guerra de Corea cuando el niño era pequeño.

Lleno de enojo y tensión por sus experiencias en la guerra, el padre era sumamente estricto con su hijo y lo disciplinaba duramente. A medida que las tensiones de la guerra fueron desapareciendo, se volvió menos severo y menos exigente. Su segunda hija, una mujer, la pasó mucho mejor. El padre había aprendido algunas cosas acerca de la paciencia y la ternura. Sin embargo, el hermano mayor se sentía muy amargado por este cambio. El padre parecía estar mostrando preferencia por la hermana menor. El dolor y la amargura se transformaron en una profunda enemistad contra su hermana.

¿Parece familiar? Es un esquema tan antiguo como Isaac y sus hijos Jacob y Esaú . . . y como Jacob con *sus* hijos. Si trata de plantar las semillas del carácter en la tierra ácida de la injusticia, habrán pocas posibilidades de que éstas se desarrollen.

El suelo de la firmeza

No servirá de nada dar a sus hijos un "seminario de fin de semana" sobre rasgos tales como la honestidad y el servicio, y luego desaparecer por el resto del año. El carácter debe tener profundas raíces para poder sobrevivir; se arraiga profundamente en el suelo de la vida coherente. Un breve cambio en el comportamiento no impresiona a nuestros hijos; *ello demanda una vida*.

Un matrimonio conocido ha estado trabajando duro para plantar semillas de carácter en la vida de su hijo adoptivo de once años. La madre y el padre de este joven esperan ser ejecutados en la prisión del estado. Él accionó el gatillo; ella manejó el automóvil en la fuga. Nuestro amigo le está brindando a este joven su *décimo* hogar adoptivo. Su vida ha sido un viaje confuso a través de un caleidoscopio de normas cambiantes. Un hogar era estricto y severo. El próximo liberal. Un matrimonio de padres adoptivos formal y mesurado. El próximo informal y relajado.

Con la fortaleza y la sabiduría de Dios — y asumiendo que nuestros amigos dediquen un tiempo adecuado al muchacho — quizás todavía puedan ayudarlo a ordenar su vida trágicamente revuelta. Pero necesitarán una ternura firme y paciente para plantar las raíces rotas y dañadas en el suelo del amor y de la disciplina coherentes.

Aunque la mayoría de los hijos jamás tendrán que soportar tal secuela de padres y de hogares, muchos deberán enfrentar la inseguridad y la confusión de la incoherencia de los padres. En la medida en que lo hagan, su sentido de responsabilidad se verá empequeñecido.

Uno de nuestros amigos se crió en un hogar alemán, donde la disciplina era rígida. Su mejor amigo de la infancia era italiano de pies a cabeza. Cuando tenía once o doce años, pasó la noche en la casa de su amigo. La primera cosa que le sorprendió fue el nivel de ruido en esa casa. Todos parecían estar hablando al mismo tiempo y con el mismo volumen. En voz alta.

Esa noche, sin embargo, parecía estar sucediendo algo muy perturbador. Los muchachos, supuestamente durmiendo en el piso superior en un dormitorio, oyeron fuertes lamentos y gritos. Y salieron al balcón desde donde se dominaba el dormitorio principal de la planta baja, a fin de escuchar el alboroto.

Aparentemente una de las hermanas mayores del muchacho italiano se había demorado mucho en regresar de una cita. A medida que transcurría el tiempo, los padres parecían estar preocupados, angustiados y enojados. Incluso la anciana abuela participó del acto, gritando tan fuerte como cualquiera de los demás.

"¡La han matado! ¡La han asesinado! ¡Algo terrible ha sucedido!".

"¡Deja que ponga mis manos sobre ella, si aún está con vida!"

Finalmente la joven entró por la puerta y todos perdieron el control. Llorando. Gritando. Haciendo gestos salvajes. ¿Cómo podía ella tratarlos de esa manera? ¿Es que no tenía ningún sentimiento? ¿Ningún sentido de la decencia? ¡Merecía ser encerrada por quince años! ¡Ya ajustarían las cuentas con ella por la mañana!

Los muchachos observaron todo esto desde el piso superior: el muchaho alemán con la boca abierta y pálido: su amigo italiano riéndose y descansado.

— ¡Caramba! — dijo el visitante —. Pobre tu hermana. La van a matar. Nunca más la van a dejar salir. ¡Me siento tan mal por ella!

— Vamos — dijo su amigo con un gesto —, mañana se habrán olvidado de todo. No es nada serio.

El muchacho alemán estaba sorprendido.

— ¿Hablas en serio? ¡No se van a olvidar de eso! Ella está en serios problemas.

En su hogar, esa hermana hubiera estado en peligro mortal. Cuando sus padres decían que iban a hacer algo, *¡lo hacían!*

— Ya verás — dijo su amigo sonriendo, y volvieron a la cama.

A la mañana siguiente en la mesa del desayuno, el muchacho alemán contuvo su aliento mientras la hermana errante bajaba por las escaleras. *Pobre*, pensó, *¡ahora va a suceder!*

La abuela resplandeció como el sol sobre un cristal de la ventana. Arrojó los brazos alrededor de la joven, y le dio un fuerte abrazo y un beso. "Buenos días, querida. ¡Qué bueno verte!" Todos los demás la trataron de la misma manera a medida que llegaban a la mesa. Todos se abrazaban y besaban como si no se hubieran visto por semanas. El tío del joven alemán nunca había recibido tal bienvenida, ni siquiera cuando regresó de la Segunda Guerra Mundial, luego de haber estado luchando por dos años. Había entrado por la puerta, había aceptado algunos apretones de manos y palmadas en la espalda, uno o dos saludos cordiales, y luego se fue a su habitación. Como si hubiera estado ausente por diez minutos.

El comentario de nuestro amigo al contar la historia fue este: El noventa y nueve por ciento de las veces los padres deben ser *italianos* en su ardor, en su reconocimiento, en su amor, y en su afecto físico. Luego, durante el uno por ciento restante del tiempo, cuando ejercen la disciplina, necesitan ser *alemanes*. Los mejores hogares son bilingües: hablan italiano y alemán.

Sin embargo, la palabra clave en cada instancia ¡es la coherencia!

5
"¿ME ESCUCHAS?"

℞

Remedio:
Comunicación
Expresiva
Síntomas:
Emociones
"a la deriva"
Frustración
Discusiones

Cada vez que damos conferencias sobre el tema de la comunicación familiar, yo (John) acostumbro a retroceder a una escena de mis años en la escuela secundaria, en un hogar donde vivía sólo con mi madre. Recuerdo lo que mi hermano mellizo y yo solíamos hacer cuando regresábamos de nuestras citas dobles.

No importa a qué hora llegáramos, a las once y treinta de la noche en un fin de semana normal, o a las dos de la madrugada en noches de promoción en la escuela, nos acostábamos uno a cada lado de la cama de mamá, la despertábamos, y le contábamos todo lo que había sucedido esa noche.

A veces yacíamos acostados en la oscuridad, hablando por horas. Era como un sonido estéreo para la pobre mamá, con un mellizo a cada lado: riéndonos, recordando, afligiéndonos, soñando en voz alta, y hablando acerca de nuestros planes, esperanzas, temores y experiencias.

Aunque estoy seguro que una persona más sensible hubiese pensado antes en ello, en algún momento finalmente nos dimos cuenta de que mamá debía levantarse y ponerse a trabajar para sostener a su familia. Quizás ella hubiese preferido que no la despertásemos y que habláramos hasta el cansacio tarde por la noche. Se lo sugerí en una oportunidad, y nunca olvidaré su respuesta.

"John", me dijo ella, "siempre puedo volver a dormirme. Pero no siempre podré hablar con mis hijos."

Mi madre sabía que con dos adolescentes activos, ella debía estar disponible para hablar con ellos cuando estaban dispuestos, y no sólo cuando fuera conveniente. Siempre sabíamos que estaba dispuesta a hablar con nosotros. Siempre sabíamos que nuestros pensamientos y experiencias eran importantes para ella. Siempre sabíamos que éramos valorados.

¿Tenía ella *tiempo* para escucharnos? No realmente. Ella trabajaba duro, llevaba sobre sí una pesada carga de responsabilidad, y teniendo artritis reumatoidea, le hubiese hecho bien dormir un poco más. El hecho es, que ella *buscó el tiempo* para escucharnos. Al hacerlo así, nos estaba diciendo "te amo" de una manera que dos jóvenes adolescentes han apreciado a través de los años.

Cuando uno piensa sobre esto, ¿qué puede hacer un ser humano por otro que demuestre más respeto, honor o valor, que realmente escuchar a esa persona? Es un hecho: el amor se toma el tiempo necesario para escuchar.

En nuestras sesiones de consejería hemos testificado sobre el espectáculo enfermizo de familias que de pronto comienzan a destruirse a sí mismas. La cercanía entre mamá y papá se evapora como el agua en una acera hirviente de la ciudad de Phoenix, en el desierto de Arizona. Los hijos no responden y comienzan a alejarse a la deriva. Todo esto se podría haber previsto: no habían dedicado un momento adecuado cada día para una comunicación expresiva. Nunca habían aprendido a escucharse el uno al otro.

Resulta fascinante considerar la manera en que funciona el

cuerpo humano, y cuánto nos puede enseñar acerca de las relaciones. Consideremos el sistema circulatorio.

Cada día nuestro corazón bombea más de mil ocho cientos galones (seis mil ocho cientos litros) de sangre a través de noventa y nueve mil kilómetros de vasos sanguíneos. Este constante flujo de sangre distribuye los nutrientes vivificantes a través del cuerpo. Mientras este flujo continúe sin obstrucciones, el cuerpo permanecerá sano y seguirá creciendo. Sin embargo, una pequeña obstrucción en el sistema circulatorio puede crear serios problemas para la salud. Si ignoramos estos problemas y permitimos que continúen, nuestra vida puede verse amenazada.

La comunicación dentro de su familia se asemeja mucho al sistema circulatorio. En una familia sana, la comunicación fluye sin obstrucciones. Ya sea que estén simplemente conversando o compartiendo el más profundo de los sueños, los miembros de la familia tienen la prioridad de escucharse el uno al otro. Pero así como una dieta de comida de mala calidad puede taponar nuestro sistema circulatorio, los esquemas defectuosos de comunicación pueden hacer peligrar a una familia. Cuando dejamos de escucharnos el uno al otro, es como si nuestra familia sufriera una parálisis. Nos enfermamos. Ciertos miembros ya no responden a los otros miembros.

Pero ¡no debe ser así! El practicar algunas capacidades provechosas para escuchar puede cambiar dramáticamente la atmósfera en su hogar. La aguja del barómetro familiar puede desplazarse desde "frío y amenazante" hasta "cálido y soleado" más rápidamente de lo que pudiera creer posible.

Considere cuidadosamente las siguientes ideas.

Escuche con todo su cuerpo

Quizás le sorprenda saber que usted escucha más con sus ojos que con sus oídos. Los expertos en comunicaciones nos dicen que las palabras ¡solamente representan alrededor del siete por ciento de la comunicación! El lenguaje corporal representa un cincuenta y cinco por ciento y el tono de la voz un treinta y ocho por ciento. De modo que una gran parte del escuchar se realiza con nuestros ojos.

Piense en ello. ¿Alguna vez ha tratado de hablarle a alguien que estaba divagando con la vista por la sala? Le dice: "Sí" "Ah" y asiente con su cabeza, pero no le está prestando atención. Usted tiene ganas de tomarlo por los hombros y decirle: "¡¿Por qué no dejas de mirar para todas partes y me ESCUCHAS?!

Muchos de nosotros en un momento u otro hemos mantenido una "conversación" con uno de nuestros hijos, mientras estábamos absorbidos por un programa de televisión o leyendo una revista. El decir: "Ah, ah" y "eso me parece bien, cariño", pronunciado con nuestros ojos mirando para otro lado, no comunica aceptación a nuestros hijos.

Salomón el sabio dio un consejo increíblemente provechoso sobre las comunicaciones, cuando escribió en Proverbios 15:30: *"La luz de los ojos alegra el corazón."*

La mayoría hemos tenido la experiencia de entrar a una habitación y ver los ojos de alguien "brillar" cuando nos ven.

Esa chispa momentánea en los ojos de otra persona comunica muchísimo. La próxima vez que vaya al aeropuerto, observe los rostros de las personas que bajan del avión y entran por la puerta. Cada vez que un hombre, una mujer o un niño que está mirando a la multitud "haga contacto" con un ser amado en el área de espera o de recepción, los ojos de pronto cobrarán vida. Es como alguien que acciona el interruptor para prender la luz. Esa mirada dice más de lo que pueden expresar las palabras. *"Te amo. Te he extrañado. Eres importante. Significas tanto para mí. Me encanta verte."*

¿Qué lee su familia acerca de ellos mismos . . . en sus ojos?

¿Qué "escuchan" en su lenguaje corporal?

¿Se "encienden" sus ojos cuando escucha? Su familia se dará cuenta si se encienden o no.

¿Mira a la persona con la cual está hablando? Parece tan sencillo, y sin embargo tantos descuidamos este principio básico. ¿Pone su dedo en el lugar donde estaba leyendo cuando alguien en su familia le quiere decir algo, como si no pudiese esperar a que cese la "interrupción" y que lo dejen solo? (No se preocupe, lo harán.)

El escuchar en serio significa tomar algunos pasos radicales. Como bajar el periódico o apagar el televisor (¡qué horror!).

Significa inclinarse un poco hacia adelante. Si quien le habla es pequeño, puede significar arrodillarse. Imagínese si usted, que tiene un metro sesenta centímetros, tuviese que vivir en un mundo poblado por gigantes de dos metros setenta de altura. ¡Uno se cansa de estirar el cuello todo el tiempo!

El escuchar en serio significa permitir que sus ojos se iluminen. Arquear las cejas. Expresar su interés verbalmente de cuando en cuando. "¡VAYA! ¡Es increíble! ¿En serio? ¿Estás bromeando? ¿Qué te parece eso?" Los niños tienen la tendencia de seguir hablando sobre un tema ¡si ven que alguien realmente les está escuchando! También se sentirán honrados y valorados.

Lo opuesto también es cierto. Si se inclina hacia atrás, mira en otra dirección, o parece estar distraído o desinteresado, usted terminará con la conversación. Apagará las luces en sus ojos. Aunque los miembros de su familia nunca hayan tomado una clase en "idioma corporal", ellos pueden "leer" con demasiada claridad cuando usted ya no tiene interés en ellos.

La actividad puede ser una puerta a la comunicación expresiva

Nos referimos antes a la importancia de las experiencias compartidas en la unión familiar. Esas actividades también pueden brindar oportunidades valiosas para escucharse el uno al otro.

Las personas en los tiempos bíblicos parecen haber disfrutado oportunidades mucho mayores para esta clase de interacción. Moisés exhortó a las madres y a los padres de Israel a hablar acerca del amor a Dios y acerca de la importancia de sus mandamientos durante el transcurso de los hechos cotidianos. Él escribió: "Y las repetirás (estos mandamientos) a tus hijos, y hablarás de ellas estando en tu casa, y andando por el camino, y al acostarte, y cuando te levantes" (Deuteronomio 6:7).

¿Con qué frecuencia una familia moderna "anda por el camino" junta, disfrutando de la quietud, y señalando lecciones objetivas en el mundo de la naturaleza que los rodea? Esta clase de conversaciones ocurría más naturalmente en el transcurso de la vida diaria hace varias generaciones. Hoy, debemos esforzarnos más para poder brindar esas oportunidades. El estar juntos en excursiones y aventuras familiares nos brinda el momento para hablar, para desarrollar lo que quizás nunca sucedería en el automóvil cuando vamos a las clases de música o a la práctica del fútbol.

Debemos repetir que lo importante no es la actividad en sí, sino las conversaciones expresivas que se desarrollan al ir y al venir.

Durante los diez años que fui pastor juvenil, yo (Gary) aprendí que probablemente no iba a haber mucha interacción con mis jóvenes durante el viaje en canoa o durante la experiencia de campamento en sí. ¡Sabía que mi verdadero ministerio tendría lugar en el autobús!, o mientras caminábamos, o cuando me sentara con alguien durante una comida. Eso lo sabía anticipadamente, de modo que busqué y esperé cualquier oportunidad. Cuando nuestra familia iba de viaje de campamento en nuestra pequeña casa rodante, sabía que no habría mucho diálogo mientras lanzábamos los avíos de pesca al agua o mientras practicábamos hacer una caminata. Las conversaciones realmente profundas tendrían lugar tarde por la noche, mientras uno de los niños vendría al asiento delantero conmigo mientras manejaba, para "mantener despierto a papá".

Mi esposa, Norma, tenía mucha capacidad para atraer a los niños durante sus años de crecimiento. Siempre parecía estar buscando oportunidades para hacer preguntas y examinar sus pensamientos.

¡Qué hermosa herencia ... una madre o un padre que realmente escucha! Si usted tuvo esa clase de padre, no tiene la menor idea de cuán bendecido ha sido. Hay tantos que han ansiado tan profundamente ese padre que los escuche, y no habiéndolo tenido, han llevado la pena por el resto de sus vidas.

¡Usted puede ser ese padre dispuesto a escuchar!

Las controversias pueden ser desactivadas escuchando rápidamente

El *escuchar rápidamente* es un método que puede utilizar para comprender lo que otro miembro de la familia está realmente diciendo. Esta práctica baja la velocidad de la conversación a un nivel manejable, permitiendo que la comprensión venza a las emociones descontroladas.

Es una herramienta útil para usar cuando una controversia está por explotar, y también es muy útil en las conversaciones de todos los días, para ayudarnos a comprender a los demás. Aquí hay tres pasos sencillos para ayudarle a captar la situación.

1. Trate de "ver a través" del problema

Supongamos que usted y yo tenemos una discusión que está a punto de transformarse en un desacuerdo. Nos cuesta comprendernos mutuamente y su lenguaje corporal me comunica que está comenzando a sentirse mal. (¡Quizás me doy cuenta porque me ha tomado por la camisa!). Prestando rápida atención, puedo honrarlo dándole la oportunidad de aclarar lo que está diciendo, sin que le responda. Esto le hace saber a usted que estoy realmente preocupado e interesado en lo que está diciendo, y que estoy haciendo un esfuerzo por comprenderlo. Esta actitud lo relaja, porque se da cuenta de que me interesa más comprender lo que me está diciendo, que simplemente ganar una discusión. También me brinda otra oportunidad para escuchar lo que me está tratando de decir.

2. Repita lo que la otra persona ha dicho en sus propias palabras

Luego que haya tenido la oportunidad de resumir lo que me ha dicho, yo puedo responder: "Ahora permítame repetir lo que usted ha dicho, para estar seguro que lo he comprendido." Puedo expresar lo que ha dicho, para ver si realmente he recibido el mensaje que *usted* quería comunicarme.

Si lo comprendí, usted quizás diga: "Sí, eso es lo que quise decir." De no ser así, usted dirá: "No". Entonces puedo repetir lo que usted ha dicho. Es mi responsabilidad en ese momento seguir preguntando y repitiendo su afirmación, hasta que obtenga un "sí". Cuando llegue a ese punto, me toca a mí decir lo que siento. De esa manera, los dos quedamos honrados con relación a lo que se dice.

3. Limite sus propias palabras con amor

El usar demasiadas palabras durante una discusión importante, puede quebrar la conversación íntima. Si divago continuamente, aumentaré las posibilidades de que usted como oyente reaccione a lo que digo, sin haber comprendido mis puntos de vista. Si continúo apilando mis palabras sin clarificar los problemas y los sentimientos que tenemos, quizás usted quede tan frustrado o aburrido, que dejará de escucharme completamente.

Una vez más, Salomón tenía mucha razón cuando escribió: "En las muchas palabras no falta pecado; mas el que refrena sus labios es prudente" (Proverbios 10:19).

El escuchar rápidamente ha evitado que numerosas discusiones hicieran crisis en las familias Smalley y Trent, y sabemos que también puede marcar una diferencia en su familia. Una de las claves para una relación saludable es la voluntad de decir: "Me interesa más comprender lo que me está diciendo, que pensar en lo que voy a decir cuando usted termine de hablar."

Las preguntas cuidadosas pueden abrir la puerta

La comunicación expresiva significa compartir sus sentimientos, sus objetivos e ideas, su propia personalidad. Pero no siempre es fácil expresar esas cosas profundas a los demás. Por eso nos ayudará formular algunas preguntas cuidadosas para aprovechar uno de esos momentos especiales en los que usted percibe franqueza en su hijo.

A mí (Gary) me encantaba montar escenarios imaginarios para mis hijos. Solía decir cosas como esta: "Pretendamos que tú tienes treinta y cinco años de edad. Dime con quién te has casado, cuántos hijos tienes, dónde vives, y qué estás haciendo." Cuando los jóvenes veían que estaba seriamente interesado, y que no estaba simplemente bromeando, comenzaban a abrirse y a decirme cosas que nunca había sabido acerca de ellos. Comencé a hacer esto cuando ellos estaban cursando la escuela secundaria.

Hay otra pregunta que me encanta hacer a mi familia. Les digo: "Bien, estamos en enero, o en julio, o lo que sea. De aquí a un año, díganme qué les encantaría ver suceder en mi vida, para que cuando suceda digan: '¡Qué maravilla! ¡Qué año extraordinario!' ¿Qué haría falta para que los próximos doce meses tengan una calificación de diez en una escala de uno a diez?" Luego de pensar, comienzan a decir cosas como: "Hombre, si tal o cual cosa sucediera, ¡este sería un gran año!" Esta sola pregunta abre una percepción increíble de sus sueños, sus deseos y sus metas. Y todo sucede tan espontáneamente, porque es lo que *ellos* quieren, y no lo que yo "quiero oír".

Las ilustraciones sencillas también abren puertas

Cuando los niños son muy pequeños, las preguntas pueden no ser suficientes para mejorar la comprensión. Yo (John) observé como esto dio resultado con nuestra hija Kari. Cuando ella tenía entre dos años y medio y tres, estaba atravesando una etapa fastidiosa (de berrinches). Cuando Cindy o yo le decíamos: "Kari, es hora de recoger tus juguetes", ella comenzaba a llorar, se tiraba al suelo y daba vueltas en el piso. Obviamente, su comportamiento exigía a veces disciplina, pero realmente deseábamos ayudarla a comprender el problema, y además ayudarla a comenzar a aprender la disciplina del dominio propio.

Así que luego de uno de estos episodios de lágrimas y llanto, Cindy y yo tomamos un vaso transparente lleno de agua y lo pusimos en el microondas. Hicimos que Kari apretara los botones hasta casi cuatro minutos, permitiendo que el agua hirviera y se derramara. Cuando el agua comenzó a burbujear y a derramarse, le permitimos apretar el botón de "pausa" y observar como el agua comenzaba a calmarse nuevamente. Entonces le hablamos acerca de ello.

"¿Sabes, Kari, que eso es lo que *tú* haces a veces? Tú eres como ese vaso de agua." (Sus ojos se agrandaron. Habíamos captado su atención). "Cuando te enojas, es como si estuvieses hirviendo adentro, pero cuando aprietas el botón de pausa, las burbujas se van, ¿no es así? Mamá y papá han tenido que aprender a apretar el botón de pausa, ¡y tú también puedes aprender!"

Hemos utilizado muchas ilustraciones de este tipo con ella

para explicarle nuestra posición y para ayudarle a comprender sus propias emociones, y éstas han funcionado mucho mejor de lo que jamás hubiésemos soñado.

Con los hijos pequeños, usted debe encontrar un modo de transformar lo intangible en tangible. Cuando ellos tienen dificultades para poder expresarse, quizás quiera poner un objeto delante de ellos. Digamos que es un libro. Quizás les pregunte: "Si tú fueses un libro, ¿de qué clase serías? De todos los pequeños libros que tienes, ¿cual describiría lo que estás viviendo hoy, cuál historia? Si no pueden contestar, sólo siga haciendo preguntas. "¿Será aquél de un cerdito pícaro que se queda trabado en el agujero?" Si contestan que sí, indague un poco más, y descubra más.

Sí, algunas de estas ayudas de comunicación consumen tiempo, ejercicio mental y disciplina para su desarrollo y empleo. Hace falta perseverancia, y la misma fortaleza y coraje del Espíritu de Dios, para reemplazar la impaciencia, la falta de sensibilidad y la autopreocupación, por modelos amorosos de comunicación. El trabajar en la comunicación familiar no es nada fácil.

Pero la alternativa tampoco lo es.

6
VALORANDO NUESTRAS DIFERENCIAS

Mi esposa y yo somos tan diferentes, que una de las pocas cosas que tuvimos en común ¡fue que nos casamos el mismo día! Cuando yo (John) estaba de novio con Cindy, estas diferencias nos hacían reír mucho.

Ella piensa que los semáforos han sido puestos en el mundo para poner orden en la vida. Yo creo que son una herramienta para desorganizar nuestra vida. A ella le gusta controlar el saldo de la cuenta corriente hasta el último centavo; a mí me gusta cambiar de banco, para poder saber finalmente cuál es mi saldo. Yo soy un derrochador, ella es ahorrativa. Yo me siento bien cuando estoy con la gente, con mucha gente. Cindy se siente bien cuando está con unos pocos o con una sola persona. Yo soy diestro; ella es zurda. La lista de diferencias es interminable.

Cuando éramos novios nos dijimos: "Vamos a ser un gran equipo. ¡Qué fortaleza!" Sin embargo, un año después, las mismas características que nos habían atraído el uno al otro, eran las que más nos irritaban.

No estamos solos en esto. Con cada matrimonio con el que hablamos a través del país, descubrimos que lo que la gente encontraba tan atractivo durante el noviazgo, puede llegar a ser mortal dentro de los confines del matrimonio.

Estudio tras estudio demuestra que la razón principal para la selección del cónyuge son las *diferencias* entre los individuos. Tal como las dos mitades de una manzana, nos conocemos en la iglesia o en una fiesta, y finalmente nos sentimos como la manzana deliciosa del estado de Washington, completa y entera. Sin embargo, en menos de un año de matrimonio, muchas de esas relaciones parecerán como una compota de manzana.

En un reciente estudio efectuado sobre matrimonios que han estado casados durante más de veinticinco años, se descubrió que un factor era persistente. Los matrimonios que evaluaban su relación como cercana y mutuamente satisfactoria, tenían algo importante en común: Todos sabían valorar las diferencias de su cónyuge.

En pocas palabras, las diferencias pueden transformarse en una fuente devastadora de conflictos en un matrimonio, y en una familia. Lo hemos visto una y otra vez. Sin embargo, el aprender la capacidad de reconocer y valorar las diferencias del otro puede ser una de las cosas más positivas que podemos hacer.

Enfrentemos el hecho: aprender a reconocer y valorar nuestras diferencias es una necesidad, y no un lujo. A Chuck y a Barb Snyder les encanta decir: "Los hombres y las mujeres son tan distintos, que el matrimonio en sí es el fundamento de la incompatibilidad."

Cuando un marido ámuy distinto" se casa con una esposa "muy distinta", y ellos llegan a ser los padres de niños "muy distintos", resulta aún más crucial comprender y apreciar las fuerzas naturales del otro. Y a pesar de nuestras diferencias, podemos aprender a construir el trabajo en equipo y la armonía en el hogar.

Está doblado, no lo enderece

Un versículo conocido de las Escrituras puede tener más consejos sobre este tema de lo que muchos hemos descubierto. Proverbios 22:6 dice: "Instruye al niño en su camino, y aun cuando fuere viejo no se apartará de él." Una buena traducción de ese versículo en el idioma original sería "instruye a un niño de acuerdo a su camino" o *de acuerdo con su tendencia o inclinación ...*"

Todos parecemos venir armados con una tendencia única. Un niño peculiar (una combinación de la primera y la última tendencia que hemos de considerar) puede ser el más difícil de disciplinar. Otro puede ser fácilmente el más sensible y propenso a ser herido por nuestras palabrs. Los padres que ignoran estas diferencias fundamentales pueden, sin saberlo, infligir un desaliento y una presión increíbles sobre sus hijos.

Consideremos brevemente las cuatro tendencias básicas que existen en la mayoría de las familias. Luego, en un capítulo posterior, consideraremos cómo esas diferencias pueden ser combinadas en un hogar muy unido. Pero antes que comencemos a observar el "zoológico" de la familia, es importante que comprendamos dos cosas: Primero, que todos somos una combinación de estas cuatro tendencias básicas en alguna medida. No conocemos ningún ejemplar de "pura sangre". Generalmente, sin embargo, una o dos de estas tendencias básicas predominan en las interacciones de una persona con las demás. En segundo lugar, estas áreas de la fortaleza de la personalidad pueden ser *desarrolladas*. La idea de que las tendencias de nuestra personalidad son rígidas puede vender libros, pero no responde a la realidad. Lo que hemos visto en nuestra propia vida, y en la de cientos de personas a través del país, es que la gente puede lograr un alto grado de equilibrio en su vida.

Abran paso al león

Los **Leones** son fuertes, agresivos, del tipo que asume el mando. Si tiene un niño con mucho de león en él, entonces él básicamente ¡le está permitiendo a usted que viva en su casa!

Escuchamos hace poco la historia de una leonesa de cinco años que acababa de comenzar a ir al jardín infantil. Regresó al hogar de su primer día de clases ¡y cerró la puerta delantera de un portazo! Su padre sorprendido interrumpió su almuerzo y la miró.

— ¡Dios mío — dijo —. ¿Qué sucede?

La pequeña señorita bajó su bolsa para el almuerzo de un golpe sobre la mesa de la cocina y dijo:

— Papá, *no voy a volver* a esa escuela!

— ¿De veras? ¿Qué pasó?

— ¡Porque esa maestra no hizo ni una sola cosa de las que le dije que hiciera!

Ahí tiene un cachorro de león. Cuando crecen se transforman en líderes confiados y eficientes. Generalmente son protagonistas, no espectadores u oyentes, y les encanta solucionar problemas.

Si usted es un maestro y tiene niños leones, probablemente ellos estén dirigiendo la clase *o por lo menos lo están intentando*. Esa actitud tiende a hacerlos progresar en la vida, en la que generalmente terminan como jefes en el trabajo ¡o por lo menos piensan que lo son!

Su fuerza de empuje puede ser una fortaleza tremenda, si se la equilibra adecuadamente. Se transforman en marineros intrépidos, gerentes tenaces y empresarios resueltos y visionarios. ¿Son decididos? No cabe ninguna duda. Con o sin los elementos de juicio ¡*tomemos una decisión*!

Su fuerza natural de tomar decisiones rápidas tiende a manifestarse en sus conversaciones. Cuando se trata de una comunicación expresiva, el león promedio prefiere *Selecciones del reader's digest* y no *La guerra y la paz*.

Como resultado de ello, ¿suelen los leones destacarse en el parloteo? Generalmente no. Al fin y al cabo, ¿para qué sirve? Un león insensible sería capaz de hablar con su cónyuge por cinco o diez minutos, luego interrumpir la conversación, y decirle: "Mi amor, esto es maravilloso, pero la próxima vez que hablemos, ¡trata de ir al grano!"

El parloteo informal, al fin y al cabo, no tiene un "propósito". No *soluciona* nada. (¡Por lo menos armemos una discusión! Así podemos poner todas nuestras cartas sobre la mesa).

¿Cuál es el esquema normal de tiempo para un león? Generalmente es AHORA. Si usted tiene un hijo que es un león, ¿para cuándo quiere el desayuno? Para AHORA. ¿Cuándo quiere ir al centro comercial? AHORA.

— Quiero que haga esto AHORA — le dirá un jefe león mientras le tira un proyecto sobre su escritorio."

— Pero — quizá proteste usted — hace diez minutos me dio otro proyecto para trabajar."

— Ya lo sé — probablemente le conteste el león —. Pero eso fue entonces, ¡y esto es AHORA!

Cuando mire a través del país, verá leones en muchos lugares de liderazgo, ya sea en los negocios o en el ministerio. Sin leones, habrían muchas más discusiones y muchas menos realizaciones en nuestro mundo. Es un rasgo valioso del carácter, pero debe ser equilibrado.

¿Cuáles son algunas cosas que los leones necesitan aprender?

En primer lugar, *necesitan aceptar el hecho de que las preguntas no son desafíos a su autoridad*. A la mayoría de los leones no les gusta ser cuestionados. ¡Prefieren ser obedecidos! En especial pueden resentir el cuestionamiento íntimo hecho por personas detallistas y que preguntan cosas como: "¿Por qué está haciendo eso?" o "¿Ha pensado realmente a fondo lo que esta decisión significa para su familia?" Para un león, palabras como esta pueden a menudo parecer un desafío o una crítica. Sin embargo, la mayoría de las veces a los que les gusta hacer preguntas, lo hacen a causa de su fortaleza en ser detallados y cuidadosos, y no para criticar.

La segunda cosa que los leones necesitan aprender, es que *los proyectos no son tan importantes como la gente*. Los leones se sumergen totalmente en el desafío de completar una "tarea". En el proceso, pueden aplastar a la gente que parece estar "demorando el proceso".

Confrontado con la figura postrada de un compañero de trabajo, un León mirará para abajo y le dirá: "Escucha, no te estaba criticando a TI, sólo estaba criticando tu TRABAJO." Sin embargo, no todos podemos hacer ese tipo de separación. Para algunos temperamentos, si uno ataca su trabajo, los está atacando a *ellos*.

Hay grandes fortalezas en los que poseen este temperamento. Pero necesitan las fortalezas de un segundo tipo básico de personalidad, los que denominamos Nutrias.

Nutrias: Celebrando fiestas mientras espera que suceda

¿Alguna vez ha visto a una nutria que no se estuviera divirtiendo? Observe una serie especial del *National Geographic, y las verá patinando sobre los lechos de los arroyos y flotando sobre su lomo, alimentándose de comida colocada sobre el estómago. En el mundo de las personalidades humanas, las* **Nutrias** *tienden a exhibir características similares. Tienden a ser almas vigorosas que aman la diversión. Los niños de esta categoría aman pasar el tiempo en las casas de sus amigos o quieren que sus amigos vengan . . . constantemente.* Se despiertan con la convicción de que la vida podría ser, debería ser o será una *diversión*. Siempre entusiasmadas, las nutrias son líderes y motivadores entusiastas. Su hábitat favorito es un medio donde puedan hablar (y hablar y hablar y hablar) y tener la oportunidad de dar su opinión sobre decisiones importantes. Por ejemplo, muchas nutrias no entran en los automóviles con varios pasajeros hacia el mismo lugar para salvar el ambiente; ¡lo hacen porque les da una audiencia cautiva a quien poderle hablar!

La naturaleza extrovertida de las nutrias las hace trabajadoras relacionadas y consumadas. Generalmente conocen a gente que conoce a gente que conoce a gente. El único problema, es que ¡no pueden recordar el nombre de nadie! Todas son la "vieja amiga" o "mi amor", pero aunque conocen mil personas con una profundidad de dos centímetros, comunican tanto calor humano genuino, que a menudo son las mejores amigas de todos. Pueden ser dulces y alentadoras con otras (salvo que estén bajo presión, cuando tienden a utilizar sus capacidades

verbales para atacar). Sin embargo, a causa de su profundo
deseo de agradar, a menudo dejan de atacar firmemente los
problemas actuales, lo que resulta en la acumulación de problemas a lo largo del camino.

Nos encontramos con muchas nutrias en nuestros seminarios. Por alguna razón, los seminarios de Smalley y Trent son
dictados por una pareja de nutrias juguetonas. Pero la razón
por la cual esa gente viene a nuestros seminarios, ¡es por el
receso! ¡Sí! ¿En qué otro lugar podría uno tomar café y circular
con dos mil personas nuevas (¡con tarjeta de identificación!),
que tienen interés en relacionarse con los demás? Ese es un
cielo para las nutrias.

Cindy y yo (John) tenemos una nutria casi de pura sangre
en nuestra hija Kari, de casi cinco años de edad. Ella siempre
tiene un brillo travieso en sus ojos, y cada vez que hay silencio
en la casa mientras ella está despierta, ambos exclamamos:
"Kari, ¿qué estás haciendo?" Generalmente, es algo gracioso,
como hacer un sendero de cereal desde la cocina hasta su
dormitorio para no perderse, o viendo cuántas prendas de ropa
se puede poner al mismo tiempo, y todavía poder abotonarlas.

Hace poco, nuestra familia estaba cenando en un restaurante mejicano, y Kari pidió su habitual perro caliente. Realmente trabajamos duro para enseñar los modales adecuados a
nuestros hijos . . . pero mientras estabámos ocupados comiendo, Kari estaba ocupada mojando su perro caliente en su agua
helada, y luego comiéndolo.

Fue la camarera quien se acercó y tomó un interés exage-
rado en lo que ella estaba haciendo.

— ¿Sabes, mi amor? — le dijo —. Esa es una manera interesante de comer un perro caliente.

— Pero no estoy comiendo un perro caliente — respondió
Kari con una gran sonrisa —. Estoy comiendo un perro *frío*.

Cuando vio que la camarera se echó a reír, siguió mojando
el perro empapado en su leche. "Ahora es un perro *de leche*."
Antes que termináramos, quiso mostrar un perro de azúcar, un
perro de sacarina, un perro de sal, un perro de café . . . cualquier cosa que causase risa.

Las nutrias son grandes motivadoras y alentadoras, pero

¿cómo son en los detalles? Bueno, no se destacan por eso. Una nutria estudiante típicamente esperará hasta la noche anterior a su fecha de entrega para comenzar su trabajo práctico, sólo para descubrir que todos los libros de referencia ya han sido sacados de la biblioteca. ¿Se desespera por eso? ¡No una nutria!

Sencillamente tomará una caja de dulces, averiguará quién tiene algunos libros en su casa, y pasará para una "fiesta de trabajos prácticos."

¿Cuál es la perspectiva del tiempo de estos caracteres que aman la diversión? Para el león era ¡HAGÁMOSLO AHORA! Para la nutria ¡es EL FUTURO! Esa es una razón por la cual son tan optimistas todo el tiempo.

Para una nutria, todos los problemas de la vida pueden ser relegados al presente, o al pasado. Si están en el pasado, ya no se puede hacer nada. Si están en el presente . . . ¡vaya, estas cosas saldrán maravillosamente bien mañana! Esa es la razón por la cual una de las expresiones favoritas de las nutrias es: "¡Sonríe!" Tienen una capacidad tremenda para postergar las preocupaciones para otro día.

¿Qué necesitan aprender las nutrias?

En algún punto de su galope por la vida, a las nutrias se les debe recordar que sus travesuras despreocupadas pueden crear problemas no tan graciosos . . . para ellas y para los demás. Aunque no les agrada preocuparse por los detalles, necesitan acostumbrarse a la idea de que las acciones tienen consecuencias, y que no todas ellas son agradables.

¿Un ejemplo? *Los límites de tiempo o fechas de entrega, no son pautas o guías.* A veces las consecuencias de no terminar un trabajo a tiempo no pueden ser ignoradas. Se pueden perder oportunidades — quizás irremediablemente — y la gente puede quedar herida o desilusionada cuando una nutria hace una promesa y luego no la cumple. Las nutrias pueden beneficiarse con una fuerte dosis de realismo en este campo.

Además, las nutrias necesitan recordar que *es más importante agradar a Dios que agradar a los hombres.* Los padres deben saber que esta clase de niño es muy susceptible a la presión de sus compañeros. Ellos ansían tanto ser amados y aceptados por los demás, que pueden ser tentados a "revisar" sus normas y principios para llevarse bien con sus amigos.

Hemos considerado la fortaleza de carácter del león, y como las nutrias sólo tratan de ser un personaje. Ahora veamos el tipo de persona que refleja la profundidad de carácter.

Los perdigueros dorados: Leales y fieles

Fieles a su nombre, los perdigueros dorados son alentadores leales, sustentadores y formadores. Todas las niñas exploradoras que vendan galletitas dentro de un radio de treinta y dos kilómetros saben dónde vive esta gente, porque les cuesta mucho decir que no. Un perdiguero dorado puede haber comprado doce cajas de caramelo, pero si ve una lágrima en el ojo de una niña, generalmente justificará comprar "sólo una caja más".

Entre sus rasgos positivos, los perdigueros dorados pueden absorber valientemente una gran medida de golpes y heridas de relación y aún seguir confiados. Son buenos oyentes y enfatizadores, y son buenos amigos cuando uno los necesita.

Pero no les cuente chistes monótonos a estas personas, porque no encontrará un público agradecido. Además, tal como una batería de misiles *Patriot*, tienen un increíble dispositivo que Dios ha puesto dentro de ellos, para detectar a las personas lastimadas. Siempre sensibles y consejeros naturales, los perdigueros dorados pueden de alguna manera ubicar a una persona lastimada o deprimida en una sala llena de gente ruidosa.

Sin embargo, con todas sus capacidades para ayudar a la gente, hay una palabra que los perdigueros dorados necesitan aprender, aunque signifique practicar frente al espejo media hora cada día. Es una pequeña palabra, pero puede hacer una gran diferencia en sus relaciones.

Usted lo adivinó. Es la palabra "no".

Cuando se les exige al extremo, cada una de nuestras grandes fortalezas se puede transformar en una desventaja. Cuando por causa de la "lealtad" o "adaptabilidad", un perdiguero dorado cede una y otra vez a las demandas correlativas de otra persona — aun cuando la otra persona necesite desesperadamente un categórico "no" — se transforma en una situación que los psicólogos denominan "codependencia". Los perdigueros dorados necesitan aprender que el amor genuino tiene tanto un lado duro como uno blando.

El marco de tiempo de un perdiguero dorado es EL PRESENTE. Están centrados en las conversaciones y relaciones actuales. Ponga una personalidad de león sola en una cabaña en la montaña durante un mes, y cuando regrese a buscarlo, habrá derribado paredes, agregado cinco dormitorios y derribado los árboles para poner un pequeño mercado al lado. Las nutrias, solas en una cabaña en la montaña, de alguna manera conseguirían un teléfono portátil, un facsímil y un televisor. Pero si pudiese lograr que un perdiguero dorado dejase su familia por un mes para estar solo, el mismo se adaptaría espléndidamente. Se pondría al día con su correspondencia, haría regalos a los amigos especiales, y básicamente se adaptaría al ambiente.

Los padres de los perdigueros dorados a veces se sorprenderán al encontrar que *sus hijos actúan como padres*.

"Te ves triste, mamita, ¿qué te sucede?"

"¿Va todo bien en el trabajo, papá? ¿Aún estás preocupado porque tu jefe estaba enojado contigo?"

Aunque estos niños preocupados pueden parecer como cajas armónicas bienvenidas y convenientes en algunas ocasiones, los padres deben ejercitar la precaución acerca de "abrirse" o "descargar" cargas adultas sobre estos pequeños oyentes dispuestos. Frecuentemente debemos aconsejar a un hombre o una mujer adulta que aún está sufriendo por haber llevado demasiada carga, demasiado pronto. Los niños perdigueros dorados se pararán silenciosamente debajo de su carga, con hombros que no estaban preparados para llevar esa clase de carga emocional.

Leones, nutrias, perdigueros dorados. Todas son personas formidables con valiosas fuerzas. Pero nuestra lista de personalidades y de fortalezas personales no quedaría completa sin hacer referencia a otro miembro importante del zoológico familiar: nuestros amigos **los castores**.

Déjeselo a los castores

Detallistas, cuidadosos, metódicos y minuciosos, ¡esta es la clase de gente que realmente lee los manuales de instrucciones! En realidad, una fortaleza tremenda de los castores en el hogar promedio ¡es que son los únicos que saben cómo poner en marcha el reloj en la videograbadora!

¿Acaso todos los animales en el zoológico familiar bajan la velocidad como un castor para asegurarse que están siguiendo las instrucciones? No. Entréguele una computadora a una nutria en el trabajo, y antes que lea nada, habrá sacado el aparato de la caja, lo habrá enchufado, y estará buscando los juegos en el menú. Entréguele una computadora a un castor y querrá leer las instrucciones antes de sacarla de la caja.

A menudo resulta fácil identificar a los castores. Usted sabrá que tiene una hija castor si ella alinea sus zapatos en líneas rectas en su armario. Las blusas o camisas de los castores siempre están ordenadas por los colores y colgadas en una fila, ¡y hasta doblan sus medias! (Por otra parte, los demás tienen habitaciones para medias, ¡y no cajones para medias!).

Estas personas son los arquitectos de Dios. Tienden a pensar en columnas, en esquinas cuadradas, y en líneas rectas. Los castores tienen una fuerte necesidad de hacer las cosas "correctamente" y "de acuerdo con el libro". Les gustan los mapas, los gráficos y la organización. Cuente con ellos para tareas de control de calidad en el hogar o en la oficina.

El lema inconmovible de un castor es HAGÁMOSLO BIEN. Si no lo vamos a hacer bien, entonces ¡no lo hagamos!

Combine esa precisión natural con la persistencia de un perro buldog, y tiene un empleado increíble. Tal como el conejo de las pilas *Energizer* en los comerciales de televisión, siguen y siguen, y siguen.

Miguel Ángel, un obvio castor, pasó siete años y medio *de espaldas* pintando el cielorraso de la capilla Sixtina. ¿Cuánto tiempo le hubiese llevado a un león pintar ese cielorraso?

"¡Vamos a traer un equipo de trabajo y vamos a terminar con esto en una semana!"

Una nutria, ¡nunca la hubiese terminado! Luego de haber buscado un grupo de sus amigos para colgarse con ella del andamiaje, el equipo de trabajo pronto habría degenerado en peleas por la pintura (esto es, si se hubiesen acordado de pedirla).

Un perdiguero dorado quizás no lo hubiese terminado, porque estaría ocupado tomando constantemente la temperatura emocional de todos los trabajadores.

"¿Cómo van las cosas hoy? ¿Cómo está la familia? ¿Tiene el cuello duro por estar acostado de espaldas? Oiga, mejor tómese el día y vea a un quiropráctico. Permítame cubrir su turno."

Si quiere que le hagan algo bien hecho, y de una manera que durará toda una vida, entonces encárgueselo a un castor. No se detendrá en un proyecto hasta que la cosa esté T-E-R-M-I-N-A-D-A. Entonces, podrán mirar hacia atrás el resto de su vida con un profundo orgullo interior, recordando que *lo hicieron bien*.

Por este motivo, la perspectiva del tiempo de un castor es EL PASADO. Lo que cuenta para los castores es un registro coherente.

¿Comienza a darse cuenta de cuántos "animales" distintos pueden estar bajo el mismo techo? ¿A veces la vida es un zoológico para usted? ¿Parece su hogar como un "Reino salvaje"?

¡Hay esperanza! En el próximo capítulo hablaremos sobre cómo estos animales pueden ser atados juntos al mismo trineo y cómo pueden llegar a tirar en la misma dirección . . . ¡y qué sucederá si no lo hacen!

Manténgase sintonizado.

7
ARMONIZANDO
NUESTRAS
DIFERENCIAS

℞

Remedio:
   Armonizando
   nuestras diferencias
Síntomas:
   Tensiones en la
      relación
   Comparaciones
      constantes
   Desavenencias

A las nutrias les encantan los cambios.
Cuando John y yo (Gary) vamos a un restaurante, el menú es simplemente una lista de sugerencias, un mero punto de partida donde pueden comenzar cualquier cantidad de innovaciones y combinaciones. Los letreros como "no hay cambios" no se deben tomar en serio. Cuando dos nutrias están tratando de hacer su pedido, la camarera generalmente ¡se gana la propina por ser paciente!

Para alguien como mi esposa, Norma, quien *no* es una nutria, esta clase de cambios y modificaciones pueden ser frustrantes . . . y embarazosas. A veces mientras entramos a un restaurante, mi esposa castor me rogará: "Escucha, ¿podríamos pedir esta vez el menú sin modificaciones?" Frustrado por esta restricción, me encuentro queriendo redecorar el lugar. "Escucha, ¿te molestaría que corra la mesa para aquí, donde hay más luz?"

Después de veintiséis años de matrimonio, sigo maravillado al ver qué es lo que entusiasma a Norma. Le gusta levantarse a las cinco y media de la mañana, ir a la oficina, y sumergirse en los detalles por horas . . . lo que me haría perder la paciencia inmediatamente. A ella le encantan echar raíces y la estabilidad, mientras que yo me sentiría feliz cambiando de casa y de vecindario un año sí y otro no. Ella ama las relaciones profundas, y siempre quiere contactar gente que hemos conocido años atrás en otras ciudades . . . y ello no me entusiasma en absoluto.

Si no nos hubiésemos tomado el tiempo necesario para realmente comprender y valorar cada uno el temperamento del otro, hoy estaríamos burlándonos el uno del otro y degradándolo, que es exactamente lo que hicimos durante años. Ahora no lo hacemos; hemos aprendido a valorar y a admirar el uno al otro por lo que somos.

Enfrentemos este hecho. Las tendencias que hemos considerado en el capítulo anterior, crean enormes diferencias en la manera en que la gente piensa, planifica, trabaja y descansa. Los padres deben recordar continuamente que cada uno de sus hijos puede responder a diversas situaciones de una manera completamente distinta que sus hermanos . . . o que sus padres.

Cuando las tendencias golpean los hombros

Supongamos que usted es un maestro de quinto grado, y que una tarde le encomienda a su clase la tarea de hacer un soldado de arcilla. Cada niño recibe medio kilogramo de arcilla *y veinte minutos para realizar la tarea.*

Ahora dé un paso hacia atrás y observe. ¿Cómo responden

las cuatro "tendencias" distintas al desafío? Este es el escenario probable:

Puede estar seguro que los leones terminarán a tiempo. En realidad, probablemente harán algo rápidamente en cinco minutos, y pasarán el resto del tiempo creando botes, tanques y las cosas que *ellos* quieren hacer. Ellos saben lo que quieren hacer. Al fin y al cabo, ¡son los jefes!

Sus nutrias probablemente no alcanzarán a hacer el trabajo antes que toque el timbre, ¡pero igual lo disfrutarán mucho! "¡Oye, mira a mi muchacho! ¡Bum! ¡Bum! ¡Está bien!"

No debiera sorprenderlo si tratan de organizar la tarea en una actividad de grupo. "Mira, tú haces las piernas, tú haces el cuerpo, yo hago los brazos, y luego juntamos todo y vemos cómo queda!"

Sus perdigueros dorados probablemente terminarán a tiempo, sólo porque quieren agradarlo tanto. Pero quizás *no* terminen si ven que uno de sus pequeños amigos está luchando.

"¿Recibiste las instrucciones? ¿Te va bien? ¡No te desalientes! ¿Estás bromeando? Ese es un rifle hermoso — quise decir brazo —. Sabía que era su brazo."

¿Qué pasará con sus castores? ¿Terminarán? *¿En veinte minutos? ¿Está bromeando?* "¿Quiere decir que tenemos sólo *veinte minutos*? ¿Eso es TODO? ¿Cómo puede uno hacer algo *decente* en veinte minutos? Necesito por lo menos una hora." Desalentado en crear un soldado entero, quizás se concentren en diseñar un sable grabado o una bayoneta... o quizás algunos pequeños botones para el gabán del soldado, con las palabras "Ejército de los Estados Unidos" o "Fuerzas especiales" en letra pequeña.

Ahora imaginémonos que estos pequeños "animales" han crecido y trabajan juntos en la misma oficina. "Esta es la época de la fiesta de Navidad de la oficina. ¡Adivine quien pone la pelota en movimiento!

"Oigan, vamos a tener una fiesta de Navidad" anuncia el león. "Ustedes ESTARÁN allí. Yo no sé si estaré o no, depende de mi carga de trabajo."

Las Nutrias responden entusiasmadas: "¿Una fiesta? ¡Sí, hagámosla! El único problema que hay es que están asistiendo a otras tres fiestas esa misma noche. No importa, vendrán de pasada y hablarán con *todos* los que estén en la sala. (En realidad, usted generalmente se dará cuenta cuando está hablando con una nutria en una fiesta, ¡porque está mirando detrás suyo a la *próxima* persona interesante con quién podría hablar!)

Los perdigueros dorados vendrán a la fiesta, les guste o no. Al fin y al cabo, no les gusta defraudar a nadie. ¿Y con quién hablarán *ellos* en la fiesta de Navidad? Con una persona. Probablemente la misma persona con quien vinieron. La persona que ven todas las mañanas en el automóvil común, y si fuese posible, la misma persona con quien estudiaron en la escuela primaria y en la secundaria.

Pasarán todo el tiempo juntos en un lugar aparte, hablando profunda y sinceramente. Quizás detectarán a alguien que parece estar deprimido. Han observado alguna pena con su radar de relaciones de largo alcance: *ning, ning, ning, ¡BIP!* Encontrarán un rincón tranquilo y se enfrascarán en una prolongada consejería con esa persona entre taza y taza de café.

Los castores son muy importantes para la fiesta. Principalmente porque son los únicos que se acuerdan de traer comida (estaba en la lista). Estos son también quienes guardarán la basura y limpiarán la oficina luego de la fiesta, para que esté limpia y arreglada para el lunes por la mañana. (Las nutrias se fueron hace mucho, y ya están asistiendo a su tercer fiesta).

Ahora bien, ¿cómo se pueden armonizar todas estas tendencias y lograr algún tipo de armonía en el hogar?

¡Permítanos darle tres recetas sencillas, que han funcionado bien en cada uno de nuestros zoológicos familiares!

1. Comprenda que sus fortalezas naturales van a exponer las debilidades naturales de una personalidad distinta

Si los padres no se toman el tiempo necesario para comprender la tendencia natural de su hijo, a veces podrán causar tensiones y presiones sin siquiera darse cuenta. Esto es algo que le sucedió a un amigo íntimo nuestro y a su hijo.

Jim Brauner tiene una maravillosa familia, y un libro sobre

"armonizando diferencias" que recomendamos mucho. Su hijo, Jasón, se estaba acercando rápidamente al momento en que tendría su licencia para conducir. Durante varios años, Jasón había estado ahorrando para comprar un automóvil, y finalmente nuestro amigo decidió ayudar a su hijo a conseguir un vehículo para viajar al trabajo y a la escuela. Esto fue lo que sucedió:

Como buen castor, Jim lee todos los informes para consumidores sobre autos usados y se propone "hacer las cosas bien". Jasón, sin embargo, es una nutria emotiva y entusiasta. Está absolutamente fuera anticipando las cosas. "¡Voy a tener un auto! ¡Qué bien!"

De modo que salen un sábado, para pasar la tarde buscando el automóvil. Jasón se entusiasma con el primer auto que ven en un aviso en el periódico. Es hermoso, parece grandioso, el precio está bien, y está listo para tomar esas llaves en sus palmas transpiradas y *salir a pasear*. Sin embargo, Jim insiste en analizar las cosas a fondo. Pasa una hora completa revisando el auto hasta en sus mínimos detalles. Lo hace ver por un mecánico. Levanta las alfombras, escrutando el piso como un adivino observa las hojas de té. Cuanto más tiempo pasan arrastrándose por encima, alrededor y por debajo de este auto, tanto más se entusiasma Jasón. Lo manejan. Jasón siente el volante. Le gusta el aroma que tiene. Le gusta la radio. Le gusta la forma en que suena la señal para girar: *KA-BINK, KA-BINK, KA-BINK*.

Sin embargo, luego de dos horas, Jim decide que no, que al fin y al cabo este no es el auto indicado, y se suben a la furgoneta de la familia y salen para ver el próximo automóvil.

Jasón se siente aplastado. Jim está silbando, disfrutando plenamente esta búsqueda detallada del "auto perfecto". Esa tarde ven cuatro automóviles, y cuatro veces Jasón maneja la emotiva montaña rusa. Pero esa noche regresan al hogar con las manos vacías.

Jim se siente bien, pensando que toda la excursión ha sido educativa. La próxima vez que salgan, estarán mucho más cerca de su meta.

Sin embargo, el sábado siguiente, Jim queda sorprendido cuando su hijo dice:

— Ve tú solo, papá, yo no quiero ir.

— ¿Que no quieres ir? ¿Cómo puede ser? Ese va a ser tu automóvil.

— Ve tú y ocúpate, papá. Elije el mejor. Y una vez que estés convencido, ven a buscarme y lo miraremos.

Jim no comprende, de modo que Jasón trata de representárselo gráficamente.

— Papá, ¿sabes lo que le haces a tu perro? Tomas un pedazo de pan, lo colocas en el hocico y le dices ¡QUIETO! Y el pobre perro se sienta bien quieto y tú le dejas el pan justo sobre su nariz, aunque está temblando y babaseando por todas partes, y muriéndose por comerlo. Él quiere tanto comerlo, pero tú lo has entrenado para obedecerte. Entonces, cuando tú dices: 'Bien', el perro tira hacia arriba el trozo de pan con su hocico, lo toma en su boca, y lo come de un sólo bocado.

Jim se encoge de hombros. No comprende la relación.

— Bien, papá, me siento como tu perro cuando me dices que me quede quieto. Eso es exactamente lo que me estás haciendo. Me llevas a ver esos hermosos autos, y es como ponerme el trozo de pan encima de la nariz. Mi boca se hace agua enloquecidamente, y me emociono, pero nunca dices: 'Está bien'.

Jim finalmente capta el cuadro. Ya que él amaba el desafío de la "búsqueda" y amaba verificar todos los detalles, suponía que Jasón también disfrutaría del proceso. Ahora comprende que el mejor plan, es que él salga solo, que analice críticamente media docena de autos, y que reduzca la búsqueda a uno o dos que él haya realmente "precalificado". Entonces él y Jason pueden salir y disfrutar realmente el proceso juntos.

Yo (John) recuerdo un enfrentamiento nutria-castor un poco más cercano al hogar. Mi esposa Cindy es castor e hija de castor. Yo soy totalmente nutria. El padre de Cindy era constructor, y con lo que ella aprendió de él, quizás podría construir una casa ahora mismo con sus dos manos. Los castores son excelentes para armar las cosas.

Pero yo crecí en un hogar sólo con mi madre, donde no teníamos ni siquiera un martillo. Al principio de nuestro matrimonio, Cindy hacía cosas que exponían mi debilidad. Nuestra primera casa fue una de esas "ofertas", y decidí cambiar todos los herrajes oxidados y sucios. Hasta el día de hoy puedo recordar estar parado en el pasillo en el sofocante calor del verano en Dallas, tratando de colocar una nueva bisagra sobre una puerta. Luego de lo que me pareció como mil intentos y errores, estaba listo para devolver esas bisagras a mi proveedor amistoso de la ferretería, y metérselas en la garganta (recuerde que las nutrias pueden atacar cuando están bajo presión).

Cindy vino caminando por el pasillo, le echó un vistazo a la caprichosa bisagra, casualmente le dio vuelta y entró perfectamente. Entonces, encogiéndose ligeramente de hombros, continuó por el pasillo, susurrando una tonada ligera. Miré fijamente esa bisagra y me indigné lentamente. Estaba increíblemente enojado. Su fortaleza natural había expuesto mi debilidad natural, y eso precisamente no me entusiasmaba.

Sin embargo, podía hacerle lo mismo a ella, y a menudo lo hacía. Como nutria, podría entrar en una sala llena de extraños e inmediatamente entablar una conversación. Cindy, sin embargo, era más reservada, y a menudo terminaba hablando con una sola persona. Entonces la criticaba por no ser "amistosa" y por no mezclarse con los demás. Mi fortaleza natural estaba exponiendo su debilidad natural.

Luego de dos años con este tipo de tensión, resultó claro que quería que ella fuese una nutria *como yo*, y que ella quería que yo fuese un castor *como ella*. Nunca se me ocurrió que pudiese estar desequilibrado. Nunca se me ocurrió que estaba tratando de transformarla en mi propia imagen nutria, aunque habían sido sus cualidades estables y alegres de castor las que me habían atraído a ella al principio.

Darryl DelHousaye, nuestro muy amado pastor, tiene un dicho favorito que es muy convincente: "La persona más fuerte siempre inicia la paz." Y un día me dí cuenta de que si habían tensiones en el hogar cuando se trataba de armonizar nuestras diferencias, necesitaba ser fuerte. Necesitaba comenzar a valorar a mi esposa por la persona que ella era. Una vez que tomé esa decisión, fue sorprendente como comencé a verla de un modo distinto. Antes ofendía el modo en que ella me pedía que "me calmara" y que no tomara todos los compromisos para hablar que me ofrecían. Hoy, con dos hijos que necesitan cantidad — y no sólo calidad — de tiempo, doy gracias a Dios por las capacidades de mi mujer en el manejo del tiempo. Antes, me sentía frustrado si ella no quería comprar *ahora* el sofá a crédito cuando estaba en oferta. Hoy, he visto una y otra vez, que luego de esperar para comprar algo al contado, aún podemos comprarlo en liquidación, ¡y ahorrarnos todos los intereses!

Con la ayuda del Señor, sus cualidades sobresalientes han comenzado a equilibrar mis cualidades desequilibradas de nutria, y el Señor ciertamente sabía que necesitaba equilibrar algunas cosas.

2. Considere la persona de Cristo como un modelo de equilibrio

Cuando por primera vez me sometí a un examen de personalidad y me di cuenta de que era una nutria fuera de foco, casi me puse a la defensiva. Si Cindy objetaba el modo en que manejaba algo, solía contestarle: "Oye, tú te casaste conmigo. Esa es la clase de animal que soy, así que tendrás que aprender a vivir con él. Yo no voy a cambiar."

Aunque no me di cuenta en ese momento, al decir: "Así es como, soy" equivalía a decir: "Realmente no me interesa ser como Cristo." ¿Cómo puede ser así?

Durante su vida terrenal, Jesús demostró un hermoso equilibrio de cada una de las tendencias de la personalidad. Su amor era equilibrado. Él sabía cuando ser duro frente a los problemas y cómo ser suave con la gente.

Los leones y los castores tienden a ser duros con los problemas. Pueden ser buenos en ese sentido. Pero también pueden ser duros con gente que "no está a su nivel". Las nutrias y los perdigueros dorados tienden a ser suaves con la gente. Pero también pueden ser suaves para resolver los problemas, aun cuando el amor exige dureza.

Si nuestras fortalezas naturales tienden a desequilibrarnos en nuestro amor, el imán que puede devolver el equilibrio a nuestra vida es ajustarla al modelo de la persona de Cristo.

¿Tenía Jesucristo algo de león en Él? Lo llamaron el León

de Judá (Apocalipsis 5:5). ¿Tomaba Él el mando? Las multitudes estaban asombrados por la *autoridad* con que Él enseñaba. Aún el mismo viento y las olas del mar se sometieron a esa autoridad. ¿Era Él resuelto o decidido? Él puso su rostro como un pedernal para ir a la cruz (Isaías 50:7), y nada que Satanás y sus ejércitos pusieran en su camino pudo detenerlo. ¿Era Él un líder? ¿Inspiró Él a los demás? ¿Pudo Él lograr grandes cosas? Sí, Jesús de Nazaret hubiese tenido un alto puntaje en la categoría de "León" de cualquiera.

¿Tenía Él algo de nutria? Él fue acusado por sus atacantes de ser un bebedor y un glotón, porque pasaba mucho tiempo en banquetes y en fiestas (Lucas 5:29-30, 7:34). El primer lugar al cual Jesús llevó a sus discípulos fue una fiesta de bodas. Asistió a una cantidad de funerales, ¡pero a veces los interrumpió invitando al cadáver a participar de las festividades! A lo largo de los años de su ministerio, Él estaba constantemente con las multitudes, con pequeños grupos, o en cenas íntimas en los hogares de amigos y de conocidos. A Él le encantaba abrazar a los niños y mantener conversaciones expresivas con gente de todos los niveles sociales.

¿Tenía Él algo de perdiguero dorado? Él fue leal hasta la cruz. Sus relaciones fueron profundas y duraderas. Nada parecía interponerse en su profunda preocupación por los demás. Mientras iba camino a la cruz, tambaleando por los azotes y por la pérdida de sangre, Él se detuvo para dar consejo a un grupo de mujeres en el camino que estaban perturbadas (Lucas 23:26-31). Mientras estaba colgado de la cruz, sufriendo agonías físicas y espirituales increíbles, dedicó tiempo para asegurar la seguridad social de su madre (Juan 19:26-27). Aun cuando estaba exhalando su último aliento, escuchó el ruego del ladrón sobre la cruz próxima, y lo invitó a su hogar para cenar (Lucas 23:42-43).

¿Mostró Él algún rasgo de castor? ¡Él hizo las cosas bien! Y no abandonó su tarea hasta que la hubo efectuado cabal y eternamente. Él es "el *autor y consumador* de la fe, el cual por el gozo puesto delante de él sufrió la cruz, menospreciando el oprobio, y se sentó a la diestra del trono de Dios" (Hebreos 12:2).

"Y en gran manera se maravillaban, diciendo: bien lo ha

hecho todo; hace a los sordos oír, y a los mudos hablar" (Marcos 7:37).

Si deseamos seriamente vivir el tipo de vida que refleje a Cristo, entonces debemos amar a la gente como Él lo hizo, con un amor equilibrado, de todo corazón. Si necesita un cuadro más claro de cómo Cristo reflejó ese equilibrio, tómese el tiempo necesario para evaluar su vida en los Evangelios. Y lea libros sobresalientes sobre nuestro Salvador escritos por hombres como nuestros amigos Ken Gire y Max Lucado.

3. Rindiendo cuentas por amor

Durante los primeros años de nuestro matrimonio, cuando yo (John) comencé a luchar para transformar mi personalidad de nutria en un equilibrio semejante al de Cristo, un pequeño grupo de cuatro o cinco hombres tuvo mucha influencia en mi vida. Especialmente uno de ellos, Doug Childress, se tomó el tiempo necesario para llamar telefónicamente cada semana *a mi esposa* para ver cómo progresaba como marido y como padre. Y yo tenía la misma libertad para hacer comprobaciones sobre su vida familiar.

Esta necesidad coherente y amante de tener que rendir cuentas, impulsó uno de los períodos de mayor crecimiento espiritual de mi vida. Yo no era muy sabio, pero tenía suficiente sabiduría para decir: "Muchachos, estoy desequilibrado. Quiero asemejarme más a Cristo, y no lo puedo hacer sin ayuda. No lo puedo hacer a menos que ustedes atajen toda mi conversación de nutria y me hagan responsable para aprender y practicar un poco de equilibrio en mi vida." Y aquellos muchachos fueron lo suficientemente duros, lo suficientemente amantes, para tomarme al pie de la letra y hacer lo que les pedí.

A veces la necesidad que tenemos de rendir cuentas, se puede atender con un consejero adriestado. Diana es un ejemplo de alguien que descubrió que Dios puede utilizar a un pastor o a un consejero cristiano sólido para ayudarle a enfrentar problemas cruciales.

Diana creció en un hogar que ardía de enojo y de dura disciplina. Esto dejó sus marcas en ella. Diana era a menudo áspera con los demás, y especialmente dura con su marido y sus hijos.

Le llevó a su marido, perdiguero dorado, casi un mes antes que tuviese el coraje de ponerse firme, pero una noche, desesperado, le dijo que si ella no buscaba consejo, se iría del hogar por un tiempo.

Mientras ella se recuperaba del impacto de sus palabras, él sacó una lista escrita en una pequeña libreta, de todas las maneras en que ella había herido y ofendido a los hijos con sus palabras y comentarios hirientes. Al comenzar a leer la lista, comenzaron a formarse lágrimas en los ojos de ella.

Diana buscó ayuda profesional, y su consejero la puso en un pequeño grupo de mujeres de su iglesia que también habían experimentado las explosiones emocionales que se producían en los hogares de adictos al alcoholismo.

En el proceso de reunirse con su grupo, al principio a punta de pistola emocional, Diana comenzó lentamente a experimentar la preocupación y el amor genuinos que cada mujer tenía por ella. Si hubo alguien que haya sido guiada por amor al reino de Dios, esa fue Diana. Las cuatro mujeres en el grupo oraron personalmente por ella, la guiaron a Cristo, y ahora verifican con ella semanalmente, para asegurarse que el fruto del Espíritu se esté desarrollando en su vida.

Aquellos frutos como la paz, la paciencia y la bondad, que tuvieron que ser implantados y sostenidos en ella mediante un control amante, ahora están surgiendo espontáneamente. Y, a propósito, ella ahora dirige su propio grupo de mujeres, tan enojadas y duras, y tan necesitadas de control y amor, como ella lo estaba hace tres años.

Todos tenemos diferencias, y permitimos que nuestras fortalezas se desequilibren tanto, que llegan a transformarse en nuestras mayores debilidades. Sin embargo, los hombres y mujeres sabios — los que estén abiertos a la corrección, al consejo y a la percepción — buscarán un amor equilibrado semejante al de Cristo, y descubrirán una llave al corazón de sus familias.

8
DESATANDO
LOS NUDOS
DEL ENOJO

> ℞
>
> **Remedio:**
>   *Desatando los nudos
>   del enojo*
> **Síntomas:**
>   *Distancia
>   Tinieblas
>   Falta de perdón*

El hombre que estaba aconsejando parecía tener un poco de miedo.

Necesitaba tener mucho miedo.

— De modo que tiene tres hijas adolescentes, todas jóvenes hermosas, y se están distanciando de usted — le dije (Gary).

— Sí.

— A causa de su dureza; a causa de su enojo. ¿Tengo razón, Jerry?

— Sí.

— Y usted teme que los muchachos se aprovechen de esa

situación. ¿Está usted realmente empujando a sus chicas a los brazos de sus novios?"

— Bueno . . . sí.

— Jerry, usted tiene mucha razón. Eso es exactamente lo que va a suceder. Quizás ya esté sucediendo.

Las palabras lo sacudieron, y lo necesitaba. Él había estado sumamente ocupado en levantar su propio negocio durante la mayor parte de los años de crecimiento de las hijas. Había trabajado largas horas y fines de semana, y rara vez se tomaba vacaciones. Tenía un fuerte temperamento del tipo del león, le gustaba "imponer la ley" y dar órdenes a gritos. La ternura no parecía formar parte de su vocabulario. El resultado era que había llenado los corazones de sus hijas de enojo.

— No voy a bromear contigo, Jerry — le dije —. Voy a ir al grano. Vas a perder a tus hijas. Probablemente a todas. Y no tienes la menor posibilidad a menos que comiences *ahora mismo* a efectuar cambios radicales. Quizás ya sea demasiado tarde.

Tuve que hablarle con dureza. Las palabras suaves no llegaban a Jerry, pero estas palabras sí. Las recordó en un momento crucial pocos días después.

Fue después de una discusión violenta con su segunda hija, LeeAnn. Estaba "harto" de las interminables conversaciones telefónicas de su hija con sus novios. Iba a poner los límites, con dureza. Se oyó a sí mismo gritándole. Sintió como su rostro se endurecía con enojo.

— ¡No! ¡Basta! — rezongó —. Quizá deba cancelar todos tus privilegios telefónicos. Sí, tal vez debas alejarte por completo de ese teléfono por un par de semanas. Sí, creo que sí. Y así será. ¡Acostúmbrate!"

Llorando, la joven subió las escaleras. Él se paró al pie de las escaleras y la observó. Era todo demasiado familiar.

Y luego por un instante, el tiempo pareció detenerse. Le pareció observar la escena, como si estuviese mirando un monitor de televisión. El padre enojado parado rígidamente al pie de las escaleras. La hija enojada, llorando, *alejándose rápidamente de él.*

En una fracción de segundo, todo esto pasó por su mente.

En esa misma fracción de segundo pensó: *"Querido Dios, ¡lo estoy haciendo de nuevo! Tal como lo dijo Smalley. La estoy alejando de mí. Tengo que hacer algo bien AHORA MISMO, porque no quiero más enojo en su corazón."*

Así que la llamó. Tiernamente. Con una voz que ella pocas veces había escuchado. Era una voz quebrantada, una voz embargada por el arrepentimiento.

"LeeAnn, mi amor. Estoy tan equivocado en lo que acabo de decirte."

Ella se quedó fría en la escalera, de espaldas a él, no creyendo lo que oía. *¡Ese no puede ser mi papá que está hablando! Nunca le oí hablar de ese modo.*

"LeeAnn" prosiguió la voz. "Lo que acabo de hacer estuvo muy mal. Nunca debiera decir esa clase de cosas. Lo lamento mucho. Lamento la forma en que te he tratado. Te amo, LeeAnn. ¿Serías capaz . . . podrías perdonarme?"

Ella se dio vuelta, mirándolo, con los ojos brillando por las lágrimas. Y de pronto la distancia entre ambos ya no existía. En un instante bajó las escaleras y se arrojó en sus brazos. Se abrazaron el uno al otro por mucho tiempo.

Casi demasiado tarde, Jerry se dio cuenta lo que el enojo estaba haciendo a su familia. Su propia hostilidad había creado profundos sentimientos de enojo y de desavenencia en sus hijas. Justo a tiempo se dio cuenta de que las estaba empujando a las tinieblas. Justo a tiempo se dio cuenta de que estaba cavando un profundo abismo de separación. Justo a tiempo construyó un puente.

¡Cuán destructivo puede ser este resentimiento acumulado! Al aconsejar a miles de matrimonios y familias, hemos observado que el enojo tiene muchas consecuencias trágicas en un matrimonio o en una familia. Consideremos tres de las más mortíferas.

1. El enojo produce distanciamiento

El enojo casi siempre crea un distanciamiento malsano. En la familia de Jerry, el deseo de LeeAnn de salir corriendo de la habitación, subir las escaleras y entrar a su dormitorio, era una clara señal no hablada. Quería que hubiese distancia entre ella y su padre. No veía el momento de alejarse de él. Si sus hijos están enojados con usted, no se sentirán cómodos en su presencia. No querrán hacer cosas con usted. No querrán que usted vaya a sus dormitorios. Si usted está casado o casada con un hombre enojado o con una mujer enojada, él o ella tratarán de mantenerse distanciados de usted. Podrá querer acercarse, pero la persona ofendida se alejará. La gente enojada rechaza la cercanía. Trate de mejorar la relación, y lo sabotearán. Si usted dice negro, ellos dirán blanco, sólo para mantenerlo a distancia.

Uno de nuestros amigos nos contó cómo creció con un hermano mayor que tenía un temperamento crítico, pero efímero. El primer indicio de que habían problemas para el muchacho más joven, era el color del rostro de su hermano. Si tenía un color pálido mortal, sabía que disponía de un segundo y medio para salir de la habitación antes que su hermano mayor lo tomara con ira frenética y lo sacudiera como un toro salvaje magulla a una rata. En cambio, si él podía saltar sobre su hermano mayor, correr como loco, y mantenerse fuera de su alcance por treinta segundos, no corría ningún peligro. Luego de medio minuto su hermano se calmaba, se encogía de hombros, y olvidaba todo. En este caso, ¡la distancia era la opción más segura! (El hermano menor con el tiempo ingresó al equipo de atletismo).

Sin embargo, en la mayoría de los casos, la distancia destruye. Hace que los maridos y las esposas, los padres y los hijos, se alejen el uno del otro. El hogar se transforma en poco más de un dormitorio, con compañeros de habitación hostiles.

Si quiere sentirse impactado por una de las historias más conmovedoras de la Biblia relacionadas con este concepto, lea el Libro Segundo de Samuel los capítulos trece al dieciocho. David, amargamente enojado con su hijo Absalón, se negó a verlo por más de dos años. La separación forzosa de David hirió profundamente a los dos, a tal punto que el príncipe literalmente salió ¡y comenzó un fuego para captar la atención de su padre! Aunque David por último permitió a su hijo que lo viera, el terrible dolor y enojo ya había cauterizado el corazón del joven.

Más adelante, Absalón moriría en un fracasado intento de rebelión armada contra su propio padre.

2. El enojo nos impulsa hacia las tinieblas

El apóstol Juan presenta un sorprendente retrato de lo que sucede en la vida real cuando nos aferramos al enojo: "El que dice que está en la luz, y aborrece a su hermano, está todavía en tinieblas. El que ama a su hermano, permanece en la luz, y en él no hay tropiezo. Pero el que aborrece a su hermano está en tinieblas, y anda en tinieblas, y no sabe a dónde va, porque las tinieblas le han cegado los ojos" (1 Juan 2:9-11).

¿Alguna vez se ha levantado en medio de la noche en una habitación de un hotel, y no puede hallar el interruptor de la luz? Necesita contestar el teléfono, encender el aire acondicionado o ubicar el baño, pero se halla palpando en medio de una oscuridad total, chocando contra una mesa, volteando el reloj de la mesa de noche, golpeando su pierna contra una silla o tropezando sobre los zapatos que dejó en el suelo. El enojo no resuelto produce eso en nuestra vida. Nos quita nuestra perspectiva y nos arroja en el caos. No sabemos dónde estamos. No podemos pensar lógicamente. No nos damos cuenta del daño que nos estamos haciendo a nosotros mismos, y a los que amamos. Mientras nos tambaleamos y tropezamos, nuestras familias se transforman en candidatos para lesiones serias — quizá permanentes — del corazón.

El andar constantemente en las tinieblas nos impide ser sensibles o cariñosos hacia los demás. También mata todo interés que tengamos en estudiar la Palabra de Dios, y congela cualquier deseo que tengamos de orar. Además, nos roba todo deseo de agradar y honrar al Señor o de experimentar su gozo, su contentamiento y su paz.

Pablo formula una sobria advertencia en Efesios 4:26-27, cuando escribe: "Airaos, pero no pequéis; no se ponga el sol sobre vuestro enojo, ni deis lugar al diablo." Cuando Satanás obtiene un lugar en una vida, es un asunto serio. El engaño y el caos entran por la puerta con él. Luego siguen un dolor increíble y la destrucción.

Durante nuestra consejería hemos hablado con muchas

personas que, luego de asistir a la iglesia y buscar a Dios por años, aún no han hallado la paz. Luego de conocerlos mejor, hemos descubierto que la principal razón de su fracaso es un enojo con raíces profundas. No están dispuestos a perdonar ni a pedir perdón, y como consecuencia ocultan secretos de tinieblas en su vida, pequeños montones de desechos tóxicos que producen amargura, y que gradualmente van envenenando su hogar.

Ambos autores de este libro hemos tenido que reconocer bolsones de enojos enconados no resueltos en distintos momentos de nuestra vida. Yo (John) me crié sólo con mi madre, profundamente herido y enojado por el hecho de que mi padre abandonó el hogar cuando yo tenía solo tres meses de edad. Esto le dio a mi madre la responsabilidad de criar tres hijos — todos de menos de tres años cuando se fue — y dejó un vacío con forma de padre en mi corazón.

Puedo recordar haberlo odiado durante los años en que asistí a banquetes de padre e hijo con el padre de un vecino, y al alzar la mirada desde el campo de fútbol y ver a todos los padres de los demás jugadores en la tribuna. Pero entonces recibí al Señor y supe que no debía seguir odiándolo. Así que decidí tenerle una "profunda antipatía". Las mismas emociones, con distintas palabras, producían la misma consecuencia de tinieblas. Durante años no estuve dispuesto a renunciar a mi enojo.

Mientras que mi padre era un exmarinero enojado, Gary creció en el hogar de un marino mercante enojado. Su padre siempre estaba enojado, y constantemente menospreciaba y subestimaba a los demás miembros de la familia.

El enojo de un padre es como un aerosol de pintura roja que se esparce desde su boca. Se esparce sobre todos los niños, dejando una mancha pegajosa que lleva años quitar.

En distintos momentos, los dos tuvimos que reconocer nuestro amargo enojo, perdonar a nuestros padres, y pedirle al Señor que quitara las tinieblas de nuestro corazón, antes que las esparciéramos sobre nuestras familias.

Este velo de tinieblas ciega de tal manera a los hombres y mujeres enojados, que no se "despiertan" a la realidad del estrago que han causado en un hogar, hasta que las mismas paredes de la familia comienzan a desplomarse. El enojo que han arrojado sobre los miembros de su familia se ha vuelto contra ellos y los ha cegado al amor de Dios y al amor de los demás.

Hemos llegado a darnos cuenta de que no importa cuánto trabaje uno en la "unión" de las relaciones para cada una de nuestras familias, el enojo se asemeja al quita esmaltes que disuelve instantáneamente esa unión. Gotea en el corazón emotivo de una relación, y enfría los sentimientos de simpatía o de apego.

No nos sorprende que Pablo llama a los padres aparte por un momento en Efesios 6:4, y que diga: "Padres, no provequéis a ira a vuestros hijos." Y que de nuevo, en Colosenses 3:21, el apóstol mira a los padres frente a frente, y les advierte: "Padres, no exasperéis a vuestros hijos, para que no se desalienten."

3. *El enojo nos ata en nudos*

Como pocas otras emociones pueden hacerlo, el enojo nos restringe y nos ciega, atándonos en nudos interiores. Por el contrario, el perdón nos liberta de esas ligaduras, desatando los nudos que nos mantienen cautivos. El Señor Jesús nos da un representación gráfica poderosa del perdón en Lucas 6:37, cuando nos dice "perdonad, y seréis perdonados." La palabra que Él emplea para "perdonar" en el idioma original significa literalmente *soltar completamente, desatar* o *dejar ir.* Es el único lugar en todo el Nuevo Testamento donde esta palabra ha sido traducida como "perdonar". En todos los demás casos, significa "soltar" o "libertar", como cuando Lázaro salió de la tumba atado de manos y pies en un sudario, y Jesús dijo: "*Desatadle* y dejadle ir" (Juan 11:44).

Tal como una soga atada alrededor de nuestros pies o nuestras manos, el enojo nos obstaculiza y nos estorba. Los niños que crecen amargados y enojados viven maniatados y arruinados, y son incapaces de descubrir su potencial. Buscar el perdón de ellos es como liberarlos de las sogas que atan sus vidas e interrumpen la circulación vivificante.

Luego de testificar de primera mano sobre la devastación

que el enojo puede producir en una familia, hemos identificado cinco actitudes cruciales que pueden quitar un prolongado enojo del corazón y de la vida de una persona.

Cinco actitudes para desatar los nudos del enojo

1. Sea suave y tierno con la persona

El libro de los Proverbios dice: "La blanda respuesta quita la ira" (Proverbios 15:1). Cuando Jerry comenzó a hablar tiernamente a su hija, evitó literalmente que se fuera. Las cosas comenzaron a cambiar cuando su voz se suavizó junto con su espíritu. La actitud y la voz de Jerry dijeron que él la amaba. A veces la suavidad por sí sola puede derretir un corazón endurecido por el enojo.

2. Comprenda, en cuanto sea posible, lo que la otra persona ha sufrido

No importó cuán duro fuese para un tipo macho como Jerry, él se humilló delante de su hija, y se forzó a ver las cosas como ella las veía. *Debía ser* difícil vivir con un padre áspero que mostraba tan poco cuidado y ternura. *Debía ser* frustrante y embarazoso que alguien le grite a uno cuando está hablando por teléfono. *Debía ser* aplastante alzar la vista y ver el rostro de su padre deformado por el enojo.

3. Admita que la persona ha sido herida y asegúrese de admitir todo mal que haya provocado esa herida

"LeeAnn" había dicho Jerry. "Lo que acabo de hacer estuvo muy mal. Nunca debiera haber dicho esa clase de cosas. Lo lamento mucho. Lamento la forma en que te he tratado."

Para un padre (o cónyuge) estas pueden ser algunas de las palabras más difíciles que tengamos que pronunciar. Jim Brauner, nuestro amigo de Kannakuk, realizó una encuesta entre miles de estudiantes secundarios que fueron a su campamento de verano. ¿Sabe qué descubrió? La principal queja que los adolescentes hicieron acerca de sus padres puede resumirse en cuatro palabras: "Nunca dicen 'lo siento'."

Pero tal como sucedió con LeeAnn, estas palabras, cuando se dicen con profunda sinceridad, pueden desatar los nudos más duros del enojo. El admitir que estuvimos mal (cuando en realidad es así) es como girar la llave sobre un par de esposas demasiado apretadas. La liberación y el alivio pueden ser casi inmediatos.

A veces podremos pensar que no estamos equivocados, pero nuestra actitud puede estar equivocada, o puede ser que la manera en que hayamos hecho algo sea ofensiva. Si mi espíritu es crítico y está enojado cuando le hablo a mi hijo sobre un problema legítimo, estoy actuando mal.

Santiago tenía razón cuando escribió: "Porque la ira del hombre (o de la mujer) no obra la justicia de Dios" (Santiago 1:20). El no admitir que estuvimos mal, deja una brecha peligrosa entre usted y su hijo o su cónyuge, que quizás no se repare pronto, o tal vez nunca.

4. Busque el perdón y espere una respuesta

En ese momento increíblemente importante de la escalera, Jerry utilizó las mejores palabras que podría haber usado. "Lamento la forma en que te traté. Te amo, LeeAnn. ¿Serías . . . podrías perdonarme?"

Hemos utilizado palabras como estas con nuestras familias: "¿Podrías perdonarme? Sé que te he defraudado muchas veces. Sé que no merezco tu perdón, pero a pesar de ello te lo estoy pidiendo." "No quiero que te alteres por lo que he dicho o por la forma en que he actuado. Sé que me queda mucho por hacer antes que pueda enderezar esta área de mi vida, pero te amo mucho, y te pido que me perdones. ¿Me perdonas?"

Trate de obtener una respuesta positiva de la persona antes de alejarse, pero si fuese necesario, comience con la primer actitud amante de ser suave y de forjar su camino al perdón. Recuerde también, *no se limite a contestar las palabras de su ser amado*. Si usted ha herido profundamente a alguien, esa persona puede decir algo en represalia para herirlo.

Para muchas personas, especialmente los hombres, el oír palabras cortantes puede provocar una reacción defensiva, y hasta otro round de lucha. Pero los hombres o mujeres que son lo suficientemente sabios como para desatar los nudos del enojo en el corazón de otra persona, deben aprender a escuchar más

allá de las palabras, los sentimientos heridos que se es
detrás del estallido emocional. En algunos de esos nudo.
tensiones, y el desatarlos a veces libera alguno de los sentimientos negativos que han estado controlados. Usted debe concentrarse en desatar los nudos y liberar el enojo, aunque le resulte
incómodo.

5. Toque a la persona suavemente

Cuando el enojo salió del espíritu de LeeAnn, ella bajó
corriendo las escaleras y se arrojó en los brazos de su padre. La
distancia física y emocional entre ambos desapareció en un
instante. Pero no siempre resulta tan fácil.

Si trata de tocar a alguien que tiene el espíritu lleno de
nudos de enojo, descubrirá cuán profunda es la herida. Es muy
probable que la primera reacción sea un endurecimiento o que
la persona se aleje. Pero la suavidad persistente expresada en
toques expresivos, tal como el suave masaje de un músculo
anudado, puede ayudar mucho a quitar el enojo y los sentimientos negativos.

Cuando hable a muchas parejas adultas que de pronto
enfrentan la posibilidad de un nido vacío, siempre escuchará el
mismo comentario, repetido una y otra vez. "Disfrute a sus hijos
mientras pueda, porque ¡el tiempo vuela! Crecieron tan rápido
que casi no podemos creerlo."

Ya que nuestro tiempo para criar a nuestros hijos es tan
breve, no permitamos que esos preciosos días, semanas y meses
sean oscurecidos por la amargura y la separación causados por
el enojo no resuelto. Con la ayuda de Dios, tomemos la iniciativa
para desatar los nudos . . . mientras podamos.

9
RESOLVIENDO
EL CONFLICTO

℞

Remedio:
   Ataque los problemas,
   no a la gente.
   Representaciones
   gráficas
Síntomas:
   Conflictos que se
      profundizan
   Oyentes no dispuestos
   Conclusiones
      equivocadas

Era una familia armoniosa que no estaba en armonía. Los jóvenes estaban tomando partido, mayormente contra papá.

Su frustración aumentaba todos los días, haciendo la vida cada vez más difícil que antes (cuando ya no era fácil). La tensión bajo ese techo de Tucson, Arizona, aumentaba a proporciones monstruosas.

Un alarmado amigo del matrimonio les sugirió que asistiesen a uno de nuestros seminarios "El amor es una decisión" que tendría lugar ese fin de semana en Phoenix, Arizona. Como último recurso, decidieron hacer el viaje de dos horas en automóvil y asistir.

Apenas lo lograron.

El primer round de la discusión más aguda que jamás hayan tenido, comenzó quince kilómetros fuera de la ciudad sobre la autopista interestatal I-10, pasando el cruce de Maranna.

El segundo round tuvo lugar unos pocos kilómetros después, viajando por la autopista.

La tensión crecía kilómetro tras kilómetro, mientras la discusión estallaba en una contienda salvaje de gritos.

Aquí se termina todo, pensó el marido. *Yo no voy a asistir a ningún seminario sobre el "amor" con esta mujer. Ya me cansé de esta relación. Yo me regreso.*

Comenzó a buscar la próxima salida de la autopista, deleitándose con la perspectiva dramática de un giro brusco, gomas que chillan, y un rápido regreso a Tucson. Pero mientras sus ojos escrutaban el camino por delante, una suave voz dentro de él le dijo que una salida de la autopista en ese momento, significaría una salida de su matrimonio.

Y de todos modos . . . ¿dónde diablos estaban las salidas?

Acababan de pasar el cruce de Toltec, pero antes de la próxima salida manejó diez, quince, veinte, *treinta kilómetros*. Sin cruces. Sin salidas. Sin espacios para dar vuelta. ¡Nada! ¿Se da cuenta? ¡Estaban en un tramo de treinta y cinco kilómetros de autopista donde no había ninguna posibilidad de dar la vuelta!

Para cuando habían manejado los treinta y cinco kilómetros, estaban cerca de Casa Grande, y habían pasado el punto de no retorno. De modo que, con un sentimiento de fastidiosa resignación, pensó: *Bueno, ya estamos cerca. Sigamos adelante con esta cosa.*

En su gracia y bondad, Dios no les había permitido dar marcha atrás en su decisión de buscar ayuda para su familia en dificultades. Asistieron al seminario, y los conceptos y las capacidades de relación que aprendieron ese fin de semana, sacaron al matrimonio de su situación de emergencia. Fue uno de los casos más dramáticos de transformación de un matrimonio y de una familia que habíamos visto jamás en nuestro ministerio.

Entre las cosas más útiles que aprendieron ese fin de semana, estuvieron varias formas cruciales para resolver los conflictos en una familia. Consideremos brevemente en las próximas páginas algunos de los conceptos que evitaron que esa pareja de Tucson deshiciera su matrimonio, y que lo pusieron "en el camino" de la armonía familiar.

Los tres niveles del conflicto

Para comprender cómo podemos evitar que el desacuerdo sea destructivo, consideremos una pareja imaginaria, con un problema de dinero no tan imaginario.

Al principio parece que son buenas noticias. Bill descubre que una apenas recordada, pero ahora muy estimada gran tía, acaba de morir y le ha dejado nueve mil dólares de herencia. ¡Qué mujer extraordinaria! Casi puede ver su rostro piadoso.

El dinero caído repentinamente del cielo no es el problema. El problema reside en decidir qué *hacer* con el dinero. Bill tiene una respuesta a flor de labios. Él ha puesto el ojo en un encantador Ford Bronco II color negro, que está en el estacionamiento del lugar donde trabaja. Uno de sus compañeros tiene problemas para pagar las cuotas de este maravilloso vehículo de tracción a cuatro ruedas, y está dispuesto a sacrificarlo. Hace pocos días, la posibilidad de comprar el vehículo era apenas un sueño agradable. Ahora . . . repentinamente, es un sueño posible. Bill comienza a hacerse agua la boca, pensando solamente en ponerse al volante.

El PROBLEMA aparece cuando Bárbara, la esposa pragmática de Bill, cuestiona invertir el dinero en un automóvil en lugar de *ahorrarlo*. Al fin y al cabo, razona ella, Bill sabe que no tienen prácticamente nada en el banco. ¿Qué sucedería si se presenta una emergencia? ¿En qué se apoyarían? Bárbara se sentiría más tranquila si supiera que tienen nueve mil dólares bien guardados en un certificado de depósito, devengando intereses y brindando un cómodo manto de seguridad.

Cuando de pronto los sueños del Bronco de Bill comienzan a esfumarse, él presenta la discusión. Bárbara *sabe* cuánto él desea tener ese Bronco. Su Toyota ya tiene más de ciento diez mil kilómetros recorridos. Ellos podrían practicar más las acampadas como familia con un vehículo de tracción en las cuatro ruedas (y el acampar es una excelente actividad familiar). Él no volverá a tener *jamás* una oportunidad como esta para comprar un Bronco a un precio tan conveniente. Al fin y al cabo, fue *su* gran tía la que falleció. Seguramente ella consideró su felicidad cuando le dejó el dinero. Y Bárbara no querrá frustrar el último deseo de una anciana, ¿no es así?

¿Se da cuenta? El PROBLEMA es el primer nivel del conflicto. Si Bill y Bárbara pueden mantenerlo en el nivel de PROBLEMA, discutiendo los méritos de cada posición y considerando posibles arreglos, la tensión podría ser en realidad constructiva y no destructiva.

Sin embargo, el próximo nivel del conflicto puede ser muy doloroso. Viendo su fantasía de pronto frustrada por el ataque inexplicable de precaución de su esposa, un Bill enojado deja de atacar el PROBLEMA y comienza a atacar a la PERSONA. Si Bárbara fuese *realmente* una esposa amante, ella querría que su marido fuese feliz. Si ella no estuviese siempre pensando sólo en ella, se daría cuenta de que esta es una oportunidad única en la vida para que él tenga la clase de auto que quiso tener desde que era adolescente.

Bárbara, a su vez, podría argumentar que si Bill fuese *realmente* un marido sensible, *él* se daría cuenta de que necesitan tener unos ahorros (tener un poco de seguridad). Y quizás si él hubiese sido más responsable en el manejo del dinero, no hubiesen tenido una situación económica tan difícil constantemente.

Aún no han solucionado el PROBLEMA, y ahora están encerrados en un ataque a la PERSONA de su cónyuge. Si nada cambia, avanzarán al tercer paso; el nivel más destructivo y peligroso del conflicto. En el tercer nivel, comenzarán a cuestionar la RELACIÓN. Ya están al borde del precipicio.

Ya sea interiormente o en voz alta, comienzan a decir cosas tales como: *Si esta es la clase de problemas que estamos enfrentando y esta es la clase de persona con la que estoy viviendo, entonces ¿qué estoy haciendo aquí en esta relación?*

La parte trágica en permitir que una discusión escale a este tercer nivel, es que si una persona abriga estos pensamientos por mucho tiempo, casi todo problema que surja en la relación saltará inmediatamente del nivel de PROBLEMA al nivel de RELACION, ¡sin pasar por el segundo nivel! En otras palabras, entonces es cuando apretar el tubo de pasta dental en el lugar equivocado se transforma en un motivo para pedir el divorcio.

Los matrimonios que quieran alejarse de este precipicio mortal deben aprender a mantener sus discusiones en el primer nivel, el nivel de *problema*. A ese nivel, un matrimonio se centra en el problema en sí y trata de encontrar la manera de resolverlo. Quiero pedirle que se formule una pregunta difícil. ¿A qué nivel usted deja de discutir con su cónyuge? Mejor aún, pregúntele a su cónyuge a qué nivel *él* o *ella* piensan que usted deja de discutir.

En nuestra consejería hemos logrado que los matrimonios se comprometan a no ir más allá del segundo nivel. En realidad, tratamos de persuadirlos a que se mantengan en el primer nivel. Cuando se encuentran en el tercer nivel, debieran encenderse las luces de peligro.

Los matrimonios que se encuentran constantemente en el tercer nivel, deben tomar esto como una advertencia para buscar consejería cristiana competente . . . antes de hacer las preguntas equivocadas que los llevará a las respuestas desastrosamente equivocadas.

Cómo decir palabras duras suavemente

Otra capacidad que nuestro matrimonio de la vida real en Tucson aprendió en nuestro seminario "El amor es una decisión", fue como decir una cosa dura de una manera suave mediante el uso de representaciones gráficas emotivas. Una representación gráfica emotiva es una herramienta de comunicación que llega tanto a la mente como al corazón. Y hace que una persona no se limite a oír nuestras palabras, sino a *expe-*

rimentarlas. Esa capacidad productiva está ayudando a miles de familias a comunicar preocupaciones e ideas intensamente sentidas de una manera que "se abre paso" a través de las actitudes y respuestas resistentes.

Las Escrituras contienen numerosas representaciones gráficas. ¿Recuerda la historia del profeta Natán confrontando al Rey David sobre su doble pecado de adulterio y asesinato? Si Natán hubiese sencillamente entrado a la presencia de David para acusarlo, podría haber salido de la sala con su cabeza debajo del brazo. En lugar de confrontar al rey directamente, él entró por la puerta trasera con la historia de un hombre pobre, una corderita mimada, y un hacendado cruel y codicioso. Una vez que David comprometió por completo sus emociones y su sentido de la justicia, Natán sólo tuvo que culminar ingeniosamente la historia para que el rey se humillara.

No es necesario que sea tan dramático. Estábamos transmitiendo un programa de radio con participación telefónica de los oyentes en el noroeste del Pacífico, cuando una dama telefoneó con una historia de éxito menos sensacional, pero igualmente alentadora. Ella se había sentido mal a causa de la dureza de su marido hacia sus dos hijos jóvenes. Él trabajaba un turno de medianoche, y regresaba a la casa para dormir cuando los hijos, de seis y ocho años, estaban en la escuela. Cuando se despertaba, llegaban los niños para pasar el día. Entonces se presentaba el problema.

Los dos niños traviesos venían bajando atropelladamente del ómnibus escolar e irrumpían con entusiasmo por la puerta delantera, listos para sacarse de encima los rigores del aula, tomar un bocadillo y divertirse un poco. Sin embargo, su padre sentía la necesidad de un "intervalo" tranquilo luego de levantarse. Esos gritos, risas y carreras lo hacían enojar. ¿No sabían esos malditos niños que él había trabajado toda la noche? ¿No tenía derecho un hombre a unos minutos de tranquilidad en su propia casa para tomar una taza de café y abrir los ojos?

Como consecuencia, se fue volviendo cada vez más severo con sus hijos, apretándoles las clavijas cada vez que entraban por la puerta. La madre sentía lástima por los niños, quienes al fin y al cabo sólo se estaban portando como niños, y trató de apoyarlos. Realmente ellos no lo estaban despertando; generalmente él ya estaba despierto a esa hora. ¿Era razonable que exigiera una paz y quietud absoluta? Esto inevitablemente iba a enredar a mamá y a papá en una discusión, y toda la familia comenzó a sufrir por la tensión.

Fue entonces cuando esta dama decidió tratar de utilizar una representación gráfica con su marido. Sabía que él era un fanático del equipo de fútbol *Seahawk* de Seattle. Él tenía entradas pagadas para los partidos de la temporada y vivía para disfrutar esos encuentros de fútbol de los domingos.

Cierta tarde, antes que los niños regresaran al hogar, se sentó a la mesa en la cocina para su café con tostadas. al mirar hacia abajo le sorprendió ver en su plato las entradas para el fútbol en lugar de dos rebanadas de pan.

— ¿Qué es eso? — musitó.

— Son tus entradas para los Seahawk, mi amor — contestó ella.

— Ya lo *sé*, pero ¿qué están haciendo aquí?

— Bueno . . . sé que pronto hay un partido. ¿No juegan los *Seahawk* con Denver este domingo?

— ¡Ya lo creo! Ese es el partido que he estado esperando todo el año. Va a ser fantástico. Pero, ¿qué hacen mis entradas aquí sobre la mesa?

— Oh, sólo para recordármelo. Bueno . . . no sé cómo decirte esto . . .

— ¿Decirme qué?

— Acerca de los Seahawk.

— ¿Qué acerca de los Seahawk?

— Bueno, acabo de oír algo por la radio que sé te va a perturbar.

— ¿Acerca del partido? ¿Se lastimó Kreig o algo por el estilo?

— No. Se trata de un nuevo reglamento que la liga del fútbol va a aplicar sobre el ruido de las multitudes. Tú sabes cuanto gritan en el estadio. Todos esos gritos. El equipo contrario no puede oír ni sus propias voces.

— ¿Y qué?

— Bueno, tenían que hacer algo. No van a permitir más que los fanáticos de Seattle griten en los partidos.

— ¡Va!

— Bueno, es sólo lo que dice el nuevo reglamento de la liga del fútbol . . .

— ¡Dame un respiro! ¡Para eso vamos a los partidos de fútbol! Yo compré mis entradas, ese es mi equipo, y si quiero gritar, ¡voy a gritar! Esa es mi parte del estadio, pagué por ella, y no me van a parar.

— Bueno, mi amor, ¿sabes algo? Sólo estaba bromeando.

— Ahhh, lo sabía.

— Pero permíteme decirte por qué lo hice.

Y le entregó otras dos "entradas" que había preparado cuidadosamente para que parecieran entradas de verdad. Él las miró detenidamente sin comprender. Las "entradas" tenían los nombres de sus dos hijos.

— Cariño — ella le dijo mientras se sentaba a su lado —, quizá no has pensado acerca de esto, pero nuestros dos niños tienen una entrada para vivir en este hogar. Cuando tú eres tan duro con ellos sólo porque actúan como niños, es como si alguien te dijera que puedes ir al estadio, pero que no puedes gritar a favor de tu equipo. No, ya lo sé, los niños no necesitan descontrolarse y gritar con toda su voz dentro de la casa, pero ya he hablado con ellos acerca de esto. Pero es su estadio, y no podemos esperar que actúen como ratones. No a su edad, ni con sus energías.

De pronto el padre tuvo un cuadro claro de lo que estaba haciendo a sus niños. En lugar de ofenderse, tomó el mensaje a pecho. En lugar de atacar al marido como PERSONA o de cuestionar su RELACIÓN, ella se centró en el PROBLEMA de una manera que ayudó a su esposo a ver el problema en una nueva dimensión.

Traiga a todos a bordo

Hemos estado hablando sobre cómo resolver conflictos entre los cónyuges, lo cual es crítico para la armonía de la familia. Pero también es importante traer al resto de la familia al proceso. El no tomar en cuenta los deseos y los sentimientos de los niños en lo que respecta a las decisiones importantes de la familia, tal como una mudanza a través del país, puede tener consecuencias dañinas.

Una de nuestros pacientes nos habló hace poco de haber sido desarraigada a la edad de catorce años. Ella vivía con su madre divorciada y con el novio de ella. A pesar de la díficil situación en el hogar, esta adolescente flexible disfrutaba de una extensa red de apoyo y de aliento por medio de sus maestras, sus vecinos y sus amigos cercanos. Una noche, sin embargo, su madre y el novio de su madre vinieron y le dijeron: "Empaca tus cosas y súbete el auto. Nos mudamos a otro estado esta misma noche."

Estaban escabulléndose para evitar pagar un montón de deudas. Ya que la mudanza era secreta, no podían permitir que la joven quebrantada llamase a ninguno de sus amigos para despedirse. A medianoche, ya estaban en camino.

Aquella adolescente tiene hoy cuarenta años y aún le resulta imposible relacionarse con *nadie*, ni con su marido, ni con sus hijos, ni con sus vecinos. El recuerdo de esa mudanza a medianoche ató tal nudo en su vida, que hasta el día de hoy lucha por librarse de él.

Recomendamos que las familias traten de *resolver* los problemas de una manera que brinde una satisfacción mutua a todos, en lugar de imponer un compromiso que no agrada realmente a nadie. Un método que hemos recomendado por años es un proceso sencillo de recopilación de hechos, que resulta en un gráfico para tomar decisiones sobre los problemas más importantes de la familia.

Si es una decisión importante — qué automóvil debemos comprar, qué casa debemos comprar, si debemos cambiar de iglesia, si debemos mudarnos — sugerimos que la familia tome una hoja de papel y haga un par de listas. En primer lugar, enumeren todos los motivos, a favor y en contra, para hacer un cambio. Luego, enumeren todas los motivos, a favor y en contra, para no hacerlo. En tercer lugar, evalúen cada motivo. ¿Tendrá la decisión efectos duraderos? ¿Es un motivo egoísta o ayudará a los demás? ¿Qué es lo que pensamos que Dios quiere que hagamos, y por qué?

Invite a los hijos a participar de este proceso, aun los más pequeños en la medida en que sean capaces de hacerlo, porque eso les da la paternidad de la decisión. Recomendamos que las familias nunca se muden de una ciudad a otra, a menos que los hijos tengan la oportunidad de expresar sus temores, sus deseos y sus esperanzas. Hemos visto demasiado enojo creado por padres que simplemente ignoraron los sentimientos y las opiniones de sus hijos.

Si una decisión afecta a los hijos *de cualquier manera*, debe dársele por lo menos la oportunidad de dar su opinión. Escríbala en una hoja de papel, para que todos puedan ver que sus opiniones y sus deseos están siendo tomados en cuenta.

Cuando sea posible, no tome una decisión importante hasta que haya tenido la oportunidad de poner toda la información pertinente sobre la mesa, de oír las opiniones de todos, y de lograr un consenso familiar.

Combata el conflicto tomando la iniciativa

Cada temporada de fútbol, mil locutores de televisión y diez mil directores técnicos de equipo repetirán un axioma futbolístico gastado: La mejor defensa es un buen ataque. Y aunque se ha abusado del concepto en los espectáculos deportivos, la idea se ha empleado muy poco en demasiadas familias.

Si deseas seriamente derrotar las discusiones y problemas que pueden surgir en cualquier hogar, trata de sazonar todos los días con una dosis abundante de alabanza. ¿No puedes pensar en nada para decirle a tu hijo o a tu cónyuge? ¿Por qué no escribes esas palabras en tu corazón, y las empleas todos los días?

¿Están esas palabras resonando constantemente en los muros de tu hogar? Si es así, casi podemos garantizarte que el nivel de conflictos ha bajado a la categoría de "ocasional".

Estoy orgulloso de ti * Así se hace * Muy bien, lo hiciste * Magnífico * Sabía que podías hacerlo * ¡Qué buen ayudante eres! * Eres muy especial para mí * Confío en ti * ¡Qué tesoro eres! * ¡Que vivas tú! * ¡Qué hermoso trabajo! * Eres un verdadero soldado * Bien hecho * Eso es tan creativo * Tú haces que el día tenga

sentido * Eres un gozo * Dame un fuerte abrazo * Tú
eres tan buen oyente * Lo resolviste * Te amo * Eres
tan responsable * Te acordaste * Eres el mejor * Se
ve que trabajaste duro * Debo dártelo * No podría
estar más orgulloso de ti * Tú iluminas mi día * Mis
botones están que se salen * Estoy orando por ti * Eres
maravilloso * Yo te apoyo *

No conocemos un mejor remedio para el hogar que pasar a
la ofensiva para animar y valorar a nuestros seres queridos.
¡Piense cómo el Señor tomó la ofensiva por nosotros!

> Porque el amor de Dios ha sido derramado en nues-
> tros corazones por el Espíritu Santo que nos fue dado.
> Porque Cristo, cuando aún éramos débiles, a su tiem-
> po murió por los impíos. Ciertamente apenas morirá
> alguno por un justo; con todo, pudiera ser que alguno
> osara morir por el bueno. Mas Dios muestra su amor
> para con nosotros, en que siendo aún pecadores, Cris-
> to murió por nosotros
>
> Romanos 5:5-8

Baje la velocidad para captar los hechos

Cuando usted examina en detalle una cantidad de argu-
mentos familiares destructivos, a menudo se encuentra con una
ausencia de hechos. El conflicto comienza cuando una persona
ve algo que le molesta y entonces saca una conclusión. Lo que
ella *piensa* ver puede no ser cierto en absoluto.

No hay nada de nuevo en este consejo. El hermano del
Señor, Santiago, lo anotó para un grupo de los primeros cristianos hace casi dos mil años. ¿Adivina por qué? Ellos también
tenían conflictos familiares. El pastor Santiago tenía un breve
consejo, que veinte siglos de experiencia humana y dos millones
de psicólogos nunca han podido mejorar.

> Por esto, mis amados hermanos, todo hombre sea
> pronto para oír, tardo para hablar, tardo para airarse
>
> Santiago 1:19.

¡Vaya! ¡*Esto* sí que es profundo!

10
LO QUE UNE A UNA FAMILIA

R_x

Remedio:
Compartir
Experiencias

Síntomas:
Nada en común
Falta de cercanía
Ausencia de recuerdos
familiares

S e sentaron sobre un tronco cerca de la orilla del lago, tomando a sorbos una Pepsi y mordisqueando carne y barras de granola. Resulta extraño como una comida tan sencilla pudiese tener tan buen sabor luego de una larga caminata.

Ron, Karen y sus dos hijos habían estado acampando en las montañas del estado de Oregón. Al salir de su campamento esa mañana, habían decidido tener una larga caminata hacia un lago aislado en las montañas para disfrutar de un un almuerzo al aire libre. El niño Ross, de nueve años, y la niña Jenny, de seis, mantuvieron un ritmo bastante ágil, pero aun así tardaron más de noventa minutos para llegar a su destino.

Parados al lado del quieto lago después del almuerzo, los niños estaban haciendo equilibrio sobre algunas rocas, cuando la aventura familiar tomó un giro repentino y estremecedor. Las zapatillas de Jenny se resbalaron, e incapaz de tomarlas ella misma con sus manos sobre la afilada roca de lava, se cayó con todo el peso sobre su frente.

Siendo las heridas en la cabeza como son, había mucha sangre y llanto, y todos estábamos asustados y conmovidos. Con su hija vendada, flácidamente aferrada a su espalda, Ron guió el regreso al automóvil en sólo cuarenta y cinco minutos, susurrando suavemente todas las palabras de aliento que pudo imaginar.

Una hora después que llegaran al automóvil, Jenny estaba descansando cómodamente en una sala de emergencia con diez puntos en su frente y sin ningún daño permanente. Ron no se dio cuenta cómo el incidente lo había unido a su hija hasta varios meses después. La pequeña niña traviesa tuvo otra caída, esta vez en el patio de recreo, lastimándose muchísimo su cadera. Mientras iba montada sobre la espalda de su padre hacia el automóvil, ella se inclinó hacia adelante y susurró en su oído: "*¿No resulta familiar esta escena?*"

Ambos se rieron a pesar de la nueva lesión. Ambos habían afrontado juntos una crisis, y de alguna manera las lastimaduras y los estremecimientos nunca parecerían tan amenazadores . . . si los afrontaban juntos.

Esas es la cosa emocionante y maravillosa de afrontar las dificultades juntos como familia. La familia que hace las cosas juntas, afrontando las inevitables fallas, confusiones, contusiones, sacudidas y desastres menores, es la que termina siendo conocida como una "familia unida".

Todos los años hablamos a miles de matrimonios y de familias. A través de los años, cada vez que observamos una familia notablemente unida y feliz en el público, tratamos de entrevistar separadamente a los miembros de la familia, y les preguntamos: "¿Cuál es en su opinión la principal razón por la cual son tan unidos y felices?" Con pocas excepciones, oímos la misma respuesta una y otra vez. "Hacemos muchas cosas juntos."

Algunos elaboran la respuesta, y dicen: "Hemos asumido el compromiso de invertir el tiempo juntos, tanto en calidad como en cantidad. Tenemos distintos intereses, pero nos aseguramos de hacer las cosas juntos regularmente como una familia."

1. Las experiencias compartidas, con el potencial de pruebas compartidas, son el adhesivo que une a una familia

No es tan sólo la conversación lo que une a la gente. Los expertos en amistades nos dicen que las personas no se transforman en amigos íntimos sólo por hablar; sino por hacer las cosas juntos.

En su libro *The Four Loves* (Los cuatro amores), C. S. Lewis habla acerca del *fileo*, la "amistad" o amor "fraternal". La amistad, escribe Lewis, es lo que sucede en el contexto de hacer algo juntos. Dos mujeres — conocidas ocasionales — deciden servir en una comisión de la Asociación de Padres y Maestros. En el proceso de exponer preocupaciones mutuas, de caminar en puntas de pies a través de un campo de minas burocráticas, forjando un plan de acción, y transpirando durante una presentación pública, descubren que se han transformado en buenas amigas. Ellas no se propusieron buscar amistad. Esto simplemente sucedió durante el proceso de trabajar hombro a hombro para lograr una meta común.

A menudo dos muchachos que eran los mejores amigos en la universidad se reúnen con sus esposas años después y tratan de reavivar la vieja amistad. A menudo el intento fracasa. La simple determinación "vamos a ser amigos" no brinda suficiente adherencia para unir ambos matrimonios. El verdadero adhesivo es un subproducto de experiencias compartidas . . . ¡aun las que han sido negativas!

Yo (John) puedo asegurarlo mientras recuerdo un viaje reciente que hice con mi familia para hablar en Pine Cove, uno de los mejores centros familiares de acampar de los Estados Unidos.

Pine Cove tiene el tamaño exacto para una gran experiencia de acampada, y se jacta de tener un personal de los más amistosos y serviciales que he visto. Todos estábamos anticipando la unión que se produciría al remar en canoa, al nadar y al cantar juntos por la noche. No me imaginaba, sin embargo, que la verdadera unión ¡sucedería antes que llegáramos al campamento!

La noche anterior del viaje al campamento, mi padre — con quien había tratado de permanecer en contacto a través de los años — debía someterse a una cirujía exploratoria. Todo salió bien, pero estuve levantado toda la noche en el hospital, asegurándome que todo estaba en orden, y que los análisis fueran satisfactorios. Llegué chillando con mi auto al amanecer a la entrada de mi casa, mientras el resto de la familia se estaba bañando, vistiéndose, tomando el desayuno y guardando los últimos elementos "importantes" en maletas que ya estaban a punto de explotar.

Entonces nuestra hija mayor, Kari, en un esfuerzo por "ayudar a mamita a empacar", alcanzó y tomó un rizador de cabello conectado a la electricidad, y por el lado caliente.

Los gritos de nuestra querida niña fueron suficientes para derretir el corazón más duro de un padre. En un instante regresamos al hospital, para ver de qué grado eran las quemaduras, ¡y si podríamos ir al campamento o no!

Finalmente llegamos a Pine Cove (con Kari aferrada a su conejito de peluche que le dieron en el hospital y recibiendo la simpatía masiva de todos los que vieron su mano vendada) y hasta el día de hoy hablamos de cuánto nos unió el incidente como familia, y de cuánto nos unió con la gente de Pine Cove.

Una y otra vez, Cindy y yo hemos descubierto que a menudo lo que sucede en el camino a una salida especial, es lo que nos trae los mejores recuerdos y provoca las mejores risas.

* Como aquella vez en el avión cuando volqué un vaso lleno de jugo de manzana sobre Cindy y Kari. Luego, después de pedir disculpas a las chicas, de pasar algunas toallas y de secar el desorden pegajoso, la simpática azafata me trajo otro vaso de jugo de manzana lleno hasta el borde, *¡y lo volqué nuevamente!* Finalmente, ¡tuve que pedirle a la azafata si podía sentarlas en otra fila!

* O cuando nuestro automóvil alquilado se descompuso en la autopista, a mitad de camino hacia Disneylandia.

* O cuando mi pequeña hija y yo nos entusiasmamos jugando a saltar sobre la cama del motel una noche, causado la ira de un matrimonio mayor malhumorado que estaba en la pieza contigua, y que comenzó a gritar y a golpear sobre las paredes.

* O cuando una enorme ola "surgió" de un mar calmo detrás de Kari en la playa y la tiró al suelo en el mismo momento en papá la estaba haciendo posar para una foto perfecta.

Ninguno de nosotros planificaríamos traumas para mejorar la unión de la familia. Pero si su familia se parece en algo a las familias Smalley o Trent, no hace falta planificarlos. ¡Simplemente suceden!

Las familias activas que hacen las cosas juntos, inevitablemente experimentan obstáculos naturales, desvíos y barreras en sus viajes. Por algún motivo yo (Gary) aún no he averiguado porqué en la familia Smalley esos pequeños desastres a menudo involucran a mi hijo Greg.

No hace mucho Greg me dijo: "Papá, por alguna razón confío en ti. Siempre he confiado, y probablemente siempre confiaré. Pero no sé qué te pasa. ¡Me pones en las situaciones más terribles!" Quizás estaba pensando cuando varios veranos atrás hicimos la hamaca de soga. Estábamos alojados en una cabaña cerca del gran lago de Branson, Misuri. Mi idea para hacer un gran juego acuático consiste en atar una soga de una rama de árbol que sobresalga sobre el agua cerca de la barranca, y hamacarme al estilo Tarzán sobre el agua, hasta lanzarme con ímpetu para darme un chapuzón a gran velocidad.

Teníamos la soga, y ya habíamos ubicado la rama de árbol perfecta. Era gruesa y ancha, y estaba a unos nueve metros del suelo.

— ¡Oye, Greg! — le dije —. Mira esa rama. Es perfecta, ¿o no?" Greg observó con duda la rama elevada.

— ¡Caramba!, no sé papá. Está muy alta. Muy por encima de la ribera. Y mira esa suciedad, está tan dura como una roca. Además ¿cómo podría uno treparse allí? — dijo Greg.

Esa era la ocasión que había estado buscando.

— Oye, no es ningún problema. Mira a esa gran vid que sube por el árbol. Tú eres bien fuerte, un levantador de pesas.

Tu podrías fácilmente treparte por esa vid, tal como subirse por una soga en una práctica de fútbol. Entonces podrías treparte a la rama y yo te tiraré un serrucho. Todo lo que necesitas hacer es serruchar la vid, porque estaría en tu camino cuando quieras hamacarte, y te tiraré la soga, tú la puedes atar a la rama con esa cadena. ¡Tú puedes hacer todo eso y luego bajar por la soga! ¿Hay algo más fácil que eso? — le dije.

Greg vaciló por un momento, quizás recordando algunos de mis anteriores esquemas "fáciles", y luego se arriesgó. Al fin y al cabo, su padre tenía confianza en él.

— Sí, creo que puedo hacer eso, — contestó.

Se trepó hasta la parte superior de la vid, mientras Miguel y yo lo alentábamos desde abajo. Luego se arrastró hasta una posición sobre la rama donde podía sentarse, y después de unos diez intentos, agarró el pequeño serrucho que le tiré desde el suelo. Cortó debidamente la vid, enrolló la cadena alrededor de la rama, y luego ató la soga.

Mientras tanto, até un trozo de madera a la parte inferior de la soga, y ya nuestra hamaca de soga "hombre salvaje del Misuri" estaba lista para la acción.

— Está bien, Greg — le grité —. Ya puedes bajar ahora.

La voz que venía hacia mí desde las alturas del follaje parecía insegura de sí.

— Oh, papá . . . ¿estás seguro de que puedo agarrarme bien de esta cosa?

— No hay ningún problema — le respondí —. Sólo gira tu pierna alrededor de la soga para que tu caída sea más lenta, y ¡hazlo!"

Greg bajó por la cadena, se agarró de la soga . . . y entonces se amilanó. El pánico asomó en su voz.

— ¡Papá! Creo que no puedo bajar por la soga, ¡y no creo que pueda regresar a la rama! ¿Qué puedo hacer? ¡PAPÁ! Estoy . . . ¡estoy comenzando a soltarme!"

— ¡Hazlo, Greg! Hazlo antes que se agote tu fuerza. ¡Tienes que hacerlo! ¡Sólo pon tu pierna alrededor de la soga y baja!"

Greg bajó a toda velocidad por la soga, como un bombero sobre un poste engrasado. No sólo se quemó la pierna, sino que se estrelló contra el suelo duro como una bolsa de cemento. ¡ZAS!

Para agravar las cosas, nadie se había dado cuenta de que la gente que había despejado el terreno había cortado cañas de bambú, dejando tallos de quince centímetros sobresaliendo del suelo como pequeñas dagas.

Me paré sobre la figura postrada de mi hijo, y dije con mi voz lo más afirmativa posible: "¡Vaya! ¡Vaya! ¡Lo lograste!"

— Papá — me respondió, mirando fijamente el duro suelo de Misuri —. No me hables por un tiempo, ¿de acuerdo?

Pasó como media hora antes que me dirigiera siquiera la palabra, y otra media hora antes que pudiera reírse por lo que sucedió. Pero, ¿sabe algo? Desde entonces nos hemos reído cada vez que nos hemos acordado del incidente. Lo recordamos como una experiencia que nos une, a pesar de que Greg aún dice: "¿Puedes *creer* que me dejé enredar en esas cosas? ¡Me ha sucedido toda la vida! ¿Cuándo aprenderé?"

La mayoría de las veces, el estar sumergidos en una crisis no nos hace decir "¿No es maravilloso esto? ¡Nos sentimos tan unidos ahora!" Generalmente nos llena de tensión y debemos ahogar las palabras de enojo o de frustración. El secreto es cómo nos sentimos después. En la mayoría de los casos lleva un par de semanas para que se concrete la "adherencia" de un apuro compartido. Una vez que el pegamento fragua, generalmente es tan firme que virtualmente nada puede arrancarnos la memoria de lo sucedido.

¿Qué clase de "libro de memorias" están escribiendo juntos como familia? ¿Podría su pequeña tribu pasar todo un atardecer compartiendo experiencias y riéndose juntos, diciendo "¿Te acuerdas cuando . . .? ¿Contiene su libro historias que se mejoran al relatarlas? ¿Tienen las páginas vívidas experiencias coloridas de dilemas fantásticos, noches de lluvia en una carpa, canoas que se dieron vuelta, toboganes acuáticos, quemaduras causadas por sogas que sanaron hace mucho tiempo, y experiencias compartidas inolvidables? *Sea como fuere, la historia de su familia ¡se puede escribir una sóla vez!*

Hace años yo (Gary) tuve una triste conversación con un padre que deseaba poder retroceder y volver a escribir el libro de memorias de su familia. Sus comentarios me ayudaron a alimentar el vagón de actividades familiares a través de los años. Este hombre admitió tristemente que cuando él y sus hijos se reúnen hoy día para un ocasional encuentro, casi no tienen nada sobre qué hablar.

"Es una experiencia deprimente", me dijo, "que sus hijos lo visiten en el hogar y no tener nada en común con ellos." Las anécdotas graciosas eran raras en la historia de esa familia, y habían pocos cuadros para animar el texto monótono. Su esposa tenía sus clubes femeninos, él tenía sus clubes masculinos, y los niños tenían sus actividades. Crecieron aparte en mundos separados.

"Ahora que mi esposa y yo estamos solos, tenemos muy poco en común" suspiró. "Somos dos personas solitarias perdidas en nuestra casa de cinco dormitorios."

No podemos programar las crisis familiares compartidas, pero podemos — y debemos — programar los momentos familiares compartidos. Y ese será el próximo punto que consideraremos.

2. *Asegúrese de que sus actividades familiares tengan una alta prioridad en su programa anual*

Si desea agregar cuadros de vivos colores al libro de memorias de su familia, esto sólo sucederá si usted y su esposa se sientan con un almanaque y un lápiz afilado, y hacen que suceda. Habrán muchos motivos "buenos" y "de presión" para postergar una vacación de la familia o una expedición de acampada. Cuando los niños crezcan, las actividades familiares entrarán en dura competencia con los deportes en equipos, con las actividades del club y con los viajes en grupo de los jóvenes de la iglesia. Sin embargo, deben decidir juntos como familia que las experiencias compartidas son una prioridad y que no permitirán que las mismas sean excluídas del programa.

Sugerimos que las madres y los padres aparten una noche cada mes para planificar y discutir la próxima aventura familiar, ya sea una excursión dentro de la misma ciudad, una salida de fin de semana o esas vacaciones prolongadas que se disfrutan una vez al año.

3. Busque oportunidades clave e individuales para impulsar la unión con sus hijos

Yo (Gary) recuerdo tan bien la semana en que llevé a Kari, quien tenía entonces sólo nueve años, conmigo en un viaje relacionado con mi ministerio. Algo sucedió durante esos siete días que no puedo explicar. Algún muro divisorio inexplicable que había crecido entre nosotros se derritió, y no ha vuelto jamás desde entonces.

Ella estaba allí en mis seminarios, entregando los materiales y dándome aliento con sus sonrisas desde la primera fila. Estuvimos alojados con una familia en una antigua casa de campo blanca en la zona rural del estado de Washington. Atravesamos en el automóvil el pequeño pueblo donde me había criado, y vimos algunos lugares donde solía jugar siendo niño. Caminamos a lo largo de una playa al lado del ancho río Columbia, levantando resaca, observando a los barcos y a las balsas surcar el río a la distancia.

Mientras manejamos el automóvil muchos kilómetros de un seminario a otro, hablamos acerca de cien cosas distintas. Hubo momentos en que no conversamos nada; bastaba con estar juntos. Algunos de los cuadros más preciosos de todo mi libro de memorias surgieron de esa semana. Todo esto nunca hubiese sucedido si mi esposa no me hubiese sugerido que aprovechara al máximo el tiempo con una pequeña niña que no conocía lo suficientemente bien.

A través de los años, Kari y yo hemos preservado esa relación íntima padre-hija saliendo juntos para comer helado y hablar acerca de las cosas que son importantes para cada uno de nosotros.

Otras personas que conocemos han trabajado junto con sus hijos sirviendo cenas de Acción de Gracias en un refugio del Ejército de Salvación o visitando a los ancianos en un hogar de ancianos.

Sea cual fuere la actividad, si yendo a las montañas para cortar madera para el fuego, yendo en el auto un sábado a la oficina para retirar una impresión de la computadora, o yendo al pequeño mercado para comprar un periódico, *lleve uno de sus hijos con usted.* Aproveche al máximo cada oportunidad, comprendiendo que esas oportunidades son finitas, y que quizás nunca se repitan.

No me llevaría tanto tiempo escribir un libro sobre "Cincuenta mil maneras de fragmentar a una familia." Bastaría con tomar su grabadora y entrevistar a unos pocos vecinos, compañeros de golf, compañeros de trabajo, y familiares. Muchas personas podrían llenar páginas en esa clase de libro.

La amargura no tiene fin. No faltan las lágrimas, la soledad y la enajenación. No lleva mucho trabajo destrozar a una familia . . . o permitir que cada miembro de la familia se aleje a la deriva a órbitas distantes e irrecuperables. Pero unir una familia ahora . . . creando memorias indelebles de problemas y risas compartidas, alentándose mutuamente, bueno . . . esa es la clase de libro que *nosotros* preferiríamos leer en nuestra vejez, cuando todos los hijos se hayan ido del hogar.

Y tenemos el presentimiento de que usted también.

11
CÓMO AYUDAR A SU FAMILIA A MEJORAR

Ŗ

Remedio:

Rendir cuentas

Síntomas:

Problemas pendientes
por mucho tiempo
Falta de seguimiento
Esfuerzos solitarios

Nadie hablaba acerca del abuelo. Era una regla rigurosa no escrita.

Las circunstancias de su muerte eran un asunto familiar, y los asuntos familiares son privados. Punto. Uno no habla de los problemas de los demás, y *ciertamente* no discute los problemas propios.

El abuelo había contraído la tuberculosis; eso lo sabía la familia. Sucedió a principios de la década de los 50, cuando habían menos opciones para tratarla. Algunas personas iban a un "hogar" para convalecer. Otros elegían quedarse en su propia casa y afrontar el desarrollo de la enfermedad.

El abuelo eligió lo que consideraba la opción "varonil". Puso sus asuntos en orden, manejó su camioneta hasta un cañón solitario en el desierto, sacó su pistola calibre doce, y se pegó un tiro.

Entonces . . . fue como si nunca hubiese existido. Su nombre no volvió a pronunciarse. Nadie habló del incidente por casi catorce años.

Años después del suicidio, el hijo mayor del abuelo sospechó casi con seguridad que estaba desarrollando un cáncer del colon. Un diagnóstico inicial indicó esa posibilidad. Tal como su padre lo hiciera antes, decidió estoicamente que "no quería ser una carga", fue a un lugar solitario, y se quitó *su* vida.

Otro secreto familiar. Nadie habló acerca de esto. Aun cuando la autopsia reveló que este hombre, de unos cuarenta años, no tenía cáncer en absoluto. El diagnóstico había sido prematuro y equivocado.

Pocos meses después, otro hermano pensó que había contraído una enfermedad. ¿Mantendría él esta mortal y secreta costumbre familiar? Planeó hacerlo . . . pero entonces sucedió algo que detuvo su mano justo a tiempo.

Cuando se supo la noticia de la enfermedad de ese hombre, la presión en la familia aumentó como vapor atrapado en una caldera.

¿Qué estaba sucediendo? ¿Quién sería el próximo? Habían vidas en juego. *Pero nadie estaba dispuesto a hablar. Nadie estaba dispuesto a quebrar un código de silencio que se había mantenido por generaciones, aunque este código los estaba matando.* Nadie estaba dispuesto, es decir, nadie estuvo dispuesto hasta que la hija de ese hombre me llamó a mí (John) secretamente, pidiéndome que la aconsejara.

Ella fue la única integrante del clan que tuvo el coraje de admitir que algo andaba muy mal — mortalmente mal — en su familia. Necesitaban ayuda. Necesitaban corrección. Ella fue la única persona lo suficientemente sabia como para reconocerlo.

Cuando este terrible "secreto familiar" finalmente salió a la luz durante una confrontación con su familia, los arrojó a todos en un torbellino. Sin embargo, el ser honestos por primera vez en años, fue precisamente lo que los sacó de la oscuridad a la libertad de la luz de Dios.

Una mujer en una familia perturbada tuvo el coraje de buscar ayuda, y todo terminó cuando impidió que su propio padre cumpliera un legado terrible.

Sólo los sabios buscan la corrección. El concepto bíblico puede no tener mucho apoyo en la cultura actual, pero la oportuna Palabra de Dios lo declara una y otra vez. Sólo considere esta muestra de la pluma de Salomón:

> Camino a la vida es guardar la instrucción; pero quien desecha la represión, yerra.
>
> El que ama la instrucción ama la sabiduría; mas el que aborrece la represión es ignorante.
>
> Pobreza y vergüenza tendrá el que menosprecia el consejo; mas el que guarda la corrección recibirá honra.
>
> El necio menosprecia el consejo de su padre; mas el que guarda la corrección vendrá a ser prudente.
>
> La reconvención es molesta al que deja el camino; y el que aborrece la corrección morirá.
>
> El escarnecedor no ama al que le reprende, ni se junta con los sabios.
>
> El que tiene en poco la disciplina menosprecia su alma; mas el que escucha la corrección tiene entendimiento.
>
> Proverbios 10:17; 12:1; 13:18; 15:5, 10, 12, 32

¿Cómo se escribe sabiduría?

Sólo los sabios buscan y aman la corrección. Sólo los sabios aman a quienes los corrigen. ¿Es normal que una persona quiera ser corregida? ¿Parece natural amar la corrección? No. Pero sólo los sabios saben que eso es sabio. Ellos *eligen* ser sabios, buscándola.

Las compañías más sabias del mundo tienen formularios de evaluación que piden la corrección de sus clientes. Esto se ve en los mejores restaurantes, hoteles y líneas aéreas.

"Por favor, ¡ayúdenos a mejorar!"

"¡Díganos cómo lo estamos haciendo!"

"¡Cuéntenos!"

"¿Cómo es nuestro servicio?"
"¿Cómo manejo? Llame al siguiente número de teléfono"

Esas compañías solicitan una evaluación constante. ¿Por qué? Porque saben que la opinión de sus clientes, y la corrección por parte de ellos, las harán mejores. Las compañías necias se niegan a cambiar o hacer caso a la opinión de sus clientes hasta que es demasiado tarde.

Entonces, ¿qué es lo que contribuye a hacer una familia más sabia? ¿Le envía formularios de evaluación a sus familiares y vecinos? ¿Quizás imprime un número telefónico en la parte posterior de su camioneta? *¿Qué piensa de nuestra capacidad como padres? Llame al 1-800-SEA-CHISMOSO.*

Probablemente no. Pero hemos observado que para numerosas familias a través de los Estados Unidos, sabiduría se escribe así: R-E-N-D-I-R C-U-E-N-T-A-S.

Tanto Gary como yo hemos tenido la libertad de exigir rendición de cuentas y hemos utilizado esa libertad de una manera amorosa. Quizás lo hacemos durante una conversación abordo del avión después de una conferencia, sobre una actitud desubicada, o durante una caminata alrededor de nuestra oficina, para una conversación franca.

Estamos comprometidos de por vida el uno con el otro como amigos, y eso significa que tenemos permiso para alabar y corregir, cuando sea necesario.

¡Cuánto desearíamos que muchos de los que vienen en busca de consejería tuviesen un amigo, un familiar . . . o cualquiera que pudiera pedirles que rindan cuentas, de una manera amante!

Si la familia de la primera historia de este capítulo hubiese experimentado el amor, el apoyo y la necesidad de rendir cuentas ante otras familias que los conociesen y amasen lo suficiente para confrontarlos con sus actitudes cerradas y descarriadas sobre las enfermedades y el valor de la vida, tres generaciones se hubiesen evitado años de vergüenza y de dolor.

Yo (Gary) recuerdo a otra familia y cómo la necesidad de rendir cuentas está ayudando a que la historia de ellos sea tan distinta de la que acabamos de relatar.

Mis amigos Ray y Denise estuvieron a punto de transformarse en otra aburrida estadística de divorcio. Ray era un ingeniero ferroviario que trataba de manejar a su familia con la misma mano dura que usaba en sus locomotoras diesel. De temperamento exaltado, negativo, y habituado al abuso verbal, gradualmente había alienado a sus hijos y estaba al borde de hacer descarrilar su matrimonio.

Denise tenía su propia lucha. Oscuras emociones de una niñez abusada sexualmente la sumergían en forma continua en separación y depresión. Tanto Ray como Denise aceptaron al Señor, pero siguieron luchando con los problemas de su pasado, que parecían estar desintegrando a la familia.

Pero algo distinto sucedió en esa familia.

Ray y Denise enfrentaron los problemas en su hogar. Movidos por el Espíritu de Dios, reconocieron los obstáculos y buscaron la corrección; primero a través de la consejería individual, y luego en el contexto de un pequeño grupo de apoyo.

La necesidad de rendir cuentas viene envuelta en grupos pequeños

A pesar de los buenos consejos, no ha sido fácil para Ray. Aún irrumpe a veces por la puerta delantera como un tren de carga, haciendo que todos se pongan a salvo. Pero dentro de los confines de un pequeño y cariñoso grupo de apoyo, admite sus debilidades, pide sus opiniones y sus oraciones. Él pregunta a sus nuevos amigos: "¿Qué debo hacer para mejorar? ¿Qué puedo hacer para cambiar?"

Dentro de ese grupo de media docena de matrimonios cristianos, Ray y Denise están descubriendo una medida de dedicación y de corrección en amor, que nunca habían experimentado en su matrimonio. La gente en el grupo se ama mutuamente, se abraza, y constantemente ora el uno por el otro. Una vez por semana, delante de esa gente amante y preocupada, cada miembro del grupo debe contestar preguntas como estas: ¿Cómo anduvo esta semana? ¿Cómo fue esta semana para su matrimonio? ¿Cómo anda la relación con los hijos?

Hace poco Ray ingresó a su reunión del grupo y dijo que no quería hablar. "Tuve una semana PÉSIMA", admitió ante el grupo. "He explotado. He ofendido a mi mujer, he ofendido a mis hijos, y me siento realmente deprimido." Todos los miembros del círculo expresaron su amor y su apoyo a Ray. Distintos miembros hablaron y dijeron: "Oigan, ¡eso va a suceder! Todos vamos a caer de bruces de cuando en cuando. Todavía estamos siendo edificados. ¡No nos daremos por vencidos contigo, y tú no te des por vencido con nosotros!" Ray vió y sintió la aceptación, y comenzó a abrirse de nuevo.

Casi al final de cada reunión, es práctica del grupo hacer que cada persona diga algo positivo acerca de su cónyuge. Quizás a Denise le haya costado pensar en algo positivo que pudiera decir acerca de su marido esa semana, pero lo hizo, y pronunció las palabras mirándole a los ojos. Ray rebosó de alegría, pero luego miró hacia abajo y dijo: "Sí, quizás hice una cosa bien, pero eso no es nada comparado con la manera en que exploté esta semana. Me queda mucho camino por recorrer."

Pero con la ayuda de Dios y mediante la necesidad de rendir cuentas ante el grupo, Ray y Denise están cambiando. Mientras yo (Gary) hablaba recientemente por teléfono con Ray, él se emocionó y me contó una de las experiencias más conmovedoras de su vida.

— Gary — me dijo —, anoche recibí el mejor regalo que jamás haya recibido en mi vida. Mi esposa me dio un nuevo nombre.

— ¿Te dio qué?

— ¡Ella me dio un nuevo nombre! Un nombre distinto. Va a ser nuestro pequeño secreto, un nombre privado que usamos juntos, nuestro nombre afectuoso. Ella me dijo: La razón por la cual te doy un nuevo nombre es porque eres tan distinto. Tú no eres la misma persona que solías ser y quiero que tengas este nuevo nombre.

— ¿Sabes, Gary? Si hace un año tú me hubieses dicho que esto iba a suceder entre mi mujer y yo, jamás te hubiese creído. Me hubiese reído a carcajadas. Pero yo era necio, Gary, y casi perdí mi matrimonio, y también a mi familia. Puedo verlo ahora.

Ray y Denise buscaron la corrección. Al principio fue difícil, humillante. Pero ¿qué fue esa pequeña incomodidad y vergüenza comparados con los años de amor y de compañerismo, y con los recuerdos que compartirán a través de los años? *Sólo los sabios buscan la corrección.*

¿Hubiesen encontrado mis amigos el camino correcto por su propia cuenta, sin opiniones ajenas y sin la ayuda de los demás? ¿Hubiesen hallado de pronto el camino que los condujera a la sanidad? Quizás. Pero ¿cuántos años hubiesen malgastado tropezando en desfiladeros cerrados y callejones sin salida? ¿Y a cuántos de sus hijos podrían haber perdido mientras tanto?

El análisis es un factor clave de un matrimonio o familia próspera. Como lo dijera Sócrates: "La vida no analizada no vale la pena ser vivida." Pero hace falta algo más que el *examen propio.* Las Escrituras dicen que "engañoso es el corazón más que todas las cosas, y perverso; ¿quién lo conocerá?" (Jeremías 17:9). Quizás *pensemos* que todo va bien y que estamos avanzando mucho, cuando sólo nos hemos estado engañando. Es sumamente difícil en ciertos momentos hacer cambios dentro de la familia. Enfrentémoslo, todos somos miopes con relación a nuestros propios fracasos y hábitos, y con relación a las fortalezas y debilidades que creemos tener. Sin embargo, a veces otra persona puede traer una palabra de sabiduría que nunca saldría de dentro del círculo familiar.

El mejor mapa del mundo no sirve para nada, si usted no sabe dónde está. Primero debe conseguir sus coordenadas, y entonces puede usar un buen mapa. *Sólo los sabios se detienen y piden orientación.*

Destreza para vivir

Una de las principales palabras que equivale a "sabiduría" en las Escrituras, se refiere a la destreza en los trabajos técnicos, artesanías o tácticas de guerra. Cuando la Biblia habla de sabiduría, está hablando de "la destreza de la vida exitosa." Esto significa *tener destreza para la vida.* De modo que cuando usted va a ver a un consejero sabio en busca de ayuda y de orientación, lo que está realmente pidiendo es destreza. Quizás, al igual que un artesano experto, él o ella han adquirido esas destrezas con el correr de los años.

Hay un sentido en el cual usted puede construir una capacidad o destreza. Pero hay ciertas destrezas que quizás nunca puede desarrollar solo. Imagínese, por ejemplo, que usted es un fabricante de gabinetes que ha aprendido solo el oficio. Digamos que durante los próximos doce meses, construye mil gabinetes. Pero si los hace todos con los mismos defectos, usted no ha adquirido ninguna destreza como fabricante de gabinetes, a pesar de toda su labor diligente. De modo que no se trata sólo de "trabajar duro". ¡Es cuestión de descubrir las destrezas para hacerlos bien!

Usted puede "perseverar" durante veinte años de vida familiar mediocre, pero ¿qué gana con eso? Veinte años miserables. La verdadera sabiduría busca la corrección y la clase de destreza que usted necesita para traer aliento, sanidad y crecimiento a su familia.

El autor de la Epístola a los Hebreos construye un cuadro gráfico cuando escribe: "Por lo cual, levantad las manos caídas y las rodillas paralizadas; y haced sendas derechas para vuestros pies, para que lo cojo no se salga del camino, sino que sea sanado" (Hebreos 12:12-13).

En otras palabras, ¡consiga corrección, regrese al camino correcto, o sus pies tambaleantes pueden quedar lastimados para siempre!

Tenemos un amigo que a la edad de treinta y ocho años descubrió para su sorpresa que tenía un pequeño defecto congénito en su pie. Él había estado "caminando mal" durante años, deslizando su pie de una manera peculiar que había puesto presión sobre ciertos huesos de su pie y que había causado esfuerzo en su rodilla. Ya no podía correr, y hasta caminar le resultaba doloroso. Sin embargo, un diestro podiatra le recomendó cirujía correctiva junto con plantillas especiales en los zapatos, que obligarían a sus pies a caminar correctamente. Luego de varios meses, el dolor en su pie y en su rodilla desaparecieron completamente. Ahora no sólo camina sin dolor, sino que *corre* nuevamente, ¡y le encanta hacerlo!

Sencillamente el caminar más sobre ese pie *nunca* hubiese solucionado el problema. En realidad, a la larga hubiese quedado lisiado. Pero la diestra cirujía y las plantillas correctivas le permitieron efectuar las actividades que tanto amaba. Lo mismo sucede en un matrimonio o en una familia. Usted puede renguear por años, esperando que el dolor se irá y que la salud regresará mágicamente. En realidad, todo su rengueo y sus pretensiones pueden estar incapacitando sus relaciones más importantes.

¿Podemos obtener la necesaria "cirugía correctiva" leyendo y aplicando el mensaje de la Biblia a nuestra vida? Sí, por cierto. En la misma Epístola a los Hebreos leemos: "Porque la palabra de Dios es viva y eficaz, y más cortante que toda espada de dos filos; y penetra hasta partir el alma y el espíritu, las coyunturas y los tuétanos, y discierne los pensamientos y las intenciones del corazón" (4:12). Pablo expresó sentimientos similares a su joven amigo Timoteo, cuando escribió: "Toda la Escritura es inspirada por Dios, y útil para enseñar, para redargüir, para corregir, para instruir en justicia" (2 Timoteo 3:16).

De modo que podemos obtener las destrezas de la vida abriendo humildemente la palabra de Dios y orando: "Dios, por favor corrígeme y enséñame." Sin embargo, cuando se trata de hacer obrar esas verdades coherentemente, hemos descubierto que la necesidad de rendir cuentas ante otra persona o ante un pequeño grupo aplica esas destrezas al diario vivir como ninguna otra cosa puede hacerlo.

Un exitoso productor de cine nos dijo hace poco: "He recopilado toda clase de información sobre el manejo del dinero y sobre lo que debo hacer acerca de las finanzas personales. ¡Pero no la estaba aplicando! Nunca me tomé el tiempo para hacer financieramente lo que *sabía que debía hacer*, hasta que me incorporé a un pequeño grupo de gente que estudió un sencillo plan financiero en conjunto. Era algo "nuevo" para mí en cuanto a su contenido, pero semana tras semana pusimos ese plan en acción. Comencé a hacer las cosas que sabía que debía hacer. Estaba recibiendo apoyo y debía rendir cuentas a los demás."

¿Cómo encuentra usted la necesidad de rendir cuentas?

Comienza con el primer gran paso de permitir que alguien lo suficientemente cercano sepa cómo es usted realmente.

Todos parecen buenos el domingo por la mañana en la iglesia, pero también necesitamos esos pequeños grupos donde podemos compartir abierta y honestamente las tentaciones y las luchas que enfrentamos.

Hace varios años, Gary y yo observamos un esquema perturbador. Muchas personas que conocíamos en ministerios independientes de la iglesia no sólo estaban cayendo del ministerio, sino también lastimando a muchas personas en el proceso. Mientras consideramos más de cerca la vida de estos hombres, un tema afloró con claridad: Todos se habían alejado de una rendición de cuentas honesta. No hubo siquiera una sola persona: ni una comisión, ni amigos, ni empleados, ni siquiera su pastor, que estuviese dispuesto a mirar más allá de las apariencias, a las presiones y luchas reales que enfrentaban.

Desde que nos dimos cuenta de ello, tomamos la decisión de hacer algo al respecto. Desde entonces, no sólo hemos estado nosotros mismos en pequeños grupos a los cuales debemos rendir cuenta, sino que les hemos dado a varios hombres a través del país un "cheque en blanco" para corregirnos y para preguntar las "preguntas difíciles" que deban hacernos.

No nos resulta fácil que John Nieder nos llame y nos pregunte cómo ha andado nuestra vida espiritual durante el mes pasado . . . ni que Rolf Zettersten nos señale una actitud que debemos analizar . . . pero cada uno de estos hombres, y varios otros, tienen permiso no sólo para telefonearnos, sino para venir a nuestra casa si perciben o ven que nos estamos desviando de nuestro compromiso con Cristo o con nuestras esposas y familias.

Cada uno de estos hombres sabe que tiene nuestro permiso incondicional para involucrarse en nuestra vida de esa manera. Como lo dijera tan bien el rey David: "Que el justo me castigue, será un favor, y que me reprenda será un excelente bálsamo que no me herirá la cabeza" (Salmo 141:5).

Sólo hay un método de rendir cuentas personalmente. Hemos mencionado pequeños grupos. Muchas iglesias ofrecen y promueven tales grupos como parte de su comunión semanal. Si su iglesia no lo hace, tome la iniciativa de comenzar uno con varios matrimonios, familias o solteros cristianos. Fije una noche de la semana cuando se puedan reunir por un par de horas, con o sin los niños, para el objetivo expresado de alentarse y de rendir cuentas mutuamente. No necesita ser algo extenso. Simplemente háganse el uno al otro preguntas tales como: "¿Qué están haciendo como familia para edificar el amor y el apoyo en su hogar?" o "¿Qué están aprendiendo de la Palabra de Dios y de los libros que están leyendo?"

El solo hecho de estar juntos brinda un sentir de alivio y de confianza. De alguna manera, nos ayuda a recordar que *todas* las familias atraviesan períodos de tensión y de gran esfuerzo. Todas las familias enfrentan tiempos de crisis, de lucha y de confusión. Una reunión semanal con un grupo de gente que lo ama, que lo apoya y que lo ayuda a mantener sus metas, le dará el coraje y la energía que necesita para cumplir sus objetivos semanales. Esa presión amante y sutil mantiene a los matrimonios y a las familias moviéndose en la dirección correcta, y los aleja de peligrosos caminos secundarios y de callejones sin salida.

La familia Smalley tiene algunos amigos queridos en otra ciudad que "controlan" a nuestra hija Kari. Durante años, le han enviado cartas de aliento y postales. Cuando están en la ciudad, la invitan a cenar y le preguntan cómo anda con relación a sus metas personales, sus metas de trabajo y sus metas de ministerio. La mayoría de las veces, se limitan a escuchar y a afirmar. Pero el sencillo acto de tomarse el tiempo necesario para preocuparse por Kari de esa manera, ha tenido un profundo impacto en su vida durante el fin de su adolescencia y el comienzo de su juventud.

Quizás pueda pensar en amigos o familiares que podrían edificar esa clase de relación de reconocimiento con uno de sus hijos. Mejor aún, *usted* podría transformarse en esa "tía o tío honorario" de una persona joven que conoce. El impacto que puede tener sobre esa vida podría ser inconmensurable. ¡Son esfuerzos mínimos, que producen resultados máximos!

El apoyo y el tener que rendir cuentas son expresiones de un amor auténtico; es un amor que ama lo suficiente como para confrontarnos. Nos recuerda que todos somos compañeros que estamos luchando, compañeros de viaje en esta travesía a veces perpleja a través de la paternidad. Es un reconocimiento del hecho de que para permanecer fuertes necesitamos la ayuda de Dios y del pueblo de Dios.

Usted no puede emprender esta lucha solo.

Ni es necesario que lo haga.

12
PREPARÁNDOSE PARA LAS TRANSICIONES

Rx

Remedio:
Preparándose para las transiciones

Síntomas:
Impacto transicional
Desorientación
Pérdida de perspectiva

Fue planeado como un día de Acción de Gracias que siempre recordarían.

Se transformó en un día de Acción de Gracias que ansiarían olvidar.

De acuerdo con el plan, la familia de seis se reuniría para una comida de vacaciones en un centro turístico ubicado a ciento sesenta kilómetros al norte de su hogar en Phoenix, Arizona. Luego de la cena, posarían para fotos de la familia en una formación rocosa rojiza que era un punto sobresaliente en el desierto. Parte de la singularidad del día era la forma en que llegarían a su destino. La madre, el padre y la hija joven viajarían en automóvil; los tres hijos, de diecinueve, diecisiete y quince años, volarían en una avioneta Cessna alquilada.

La familia se reunió a la hora prevista en el centro turístico y participó de un banquete suntuoso en el restaurante del club. Luego, todos se divirtieron sacando fotos al estilo del "Oeste Salvaje" en el desierto soleado de Arizona.

Fue afortunado que las fotos salieran tan buenas. Sería su última foto de familia. La madre, el padre, y la hermana se deleitaron con un hermoso viaje de regreso al hogar bajo el crepúsculo. Pero los tres hijos nunca regresaron al hogar. Un avión de patrulla de la aviación civil encontró los restos del avión al otro día, esparcidos al azar sobre la arena.

Los próximos meses produjeron aún otra víctima. Incapaz de afrontar la angusta y la tensión, el padre se fue del hogar y presentó una demanda de divorcio. Ella se quedó con la hija; él se quedó con la casa.

Considere por un instante la avalancha de cambios que debió afrontar la mujer en esa familia. En menos de doce meses pasó de tener una familia de seis, a tener una familia de dos . . . pasó de casada a soltera . . . de una casa propia de cinco dormitorios, a una casa alquilada de tres . . . de ama de casa a empleada de tiempo completo.

Cindy y yo (John) nos sentimos impactados mientras esta mujer contaba su historia en nuestro hogar. Pensé en los tres amigos de Job que vinieron a consolarlo luego de una explosión de cambio similar. Las Escrituras nos dicen que los tres hombres "se sentaron con él en tierra por siete días y siete noches, y ninguno le hablaba palabra, porque veían que su dolor era muy grande" (Job 2:13).

Nosotros hicimos lo que quizás usted hubiera hecho en la misma situación: escuchamos, lloramos con ella, e hicimos lo mejor que pudimos para ofrecerle el gran amor sanador de Cristo. Mucho después, habiéndonos ganado el derecho de ser oídos, también compartimos algo con ella. Tomamos el tiempo para explicarle tres principios cruciales, principios que ayudarían a cualquier persona a afrontar transiciones importantes en la vida.

Antes que compartamos estos tres principios, necesitamos

explicar varias reglas básicas de los cambios. Cosas como esperar cambios, tomarse un retiro mental anticipado, considerar los planes de emergencia, y planificar tiempos de comunicación. Cada uno de ellos brinda una importante columna de apoyo en una familia que permanece sólida bajo las presiones del cambio.

La vida equivale a cambios

La mujer de esta historia tuvo que enfrentar un enjambre de transiciones forzadas y veloces en apenas unos meses. Aunque quizás la mayoría no sufriremos tanto cambio comprimido en tan poco tiempo, la verdad es que nuestra vida siempre está en transición. Todos somos peregrinos y viajeros en este pequeño planeta. La vida ES un cambio. Cuanto antes aceptemos este hecho, y *hagamos nuestros planes en base a este realidad*, tanta más realización y paz disfrutaremos en nuestras familias.

Cuando yo (Gary) estaba creciendo, mi familia se mudó doce veces en menos de diez años. Con mi temperamento de "nutria", nunca me preocupó la agitación y la confusión. Uno simplemente se acostumbraba a dormitorios llenos de cajas y a hacer nuevas amistades cada mes o dos. Me encantaba. Cada vez que me encontraba con una maestra dura en la escuela, pensaba en el fondo de mi mente: *Deja que me grite y que se enoje. Al fin y al cabo, dentro de un par de meses ya no estaré aquí.*

Mi familia simplemente esperaba los cambios en aquellos años. Muchas familias no lo hacen. De modo que cuando se producen los inevitables cambios y virajes, éstos originan la ansiedad destructiva, la presión y los conflictos interpersonales. Como consejeros hemos visto familias encogerse como cartón mojado, simplemente porque no habían anticipado una transición importante. En lugar de bajar la marcha en el camino, algunos vehículos familiares los toman a ciento cincuenta kilómetros por hora y arrancan los ejes de la carrocería. No es necesario que sea así.

Colgando los guantes

En nuestro ministerio hemos pasado mucho tiempo con

atletas profesionales. Una de nuestras metas ha sido reducir la tasa increíble de divorcio entre esas personas talentosas, donde el porcentaje de fracasos en el matrimonio se acerca al ochenta por ciento.

¿A qué se debe todo el trauma matrimonial? Piense por un momento en ese talentoso jugador de fútbol que tiene básicamente una meta que lo consume a través de la escuela secundaria y de la universidad: llegar a jugar en los grandes equipos. De modo que establece firmemente un punto sobre su orden del día y se asemeja a Dorotea que aterriza en Oz o a Alicia que cae en paracaídas en el País de las Maravillas; la esencia misma de los sueños.

Su identidad es clara: *Él es uno de los mejores futbolistas del mundo.* Así es él; toda su vida gira alrededor de ello. Luego de varias temporadas en su vocación fantástica, se lastima en un lado de la rodilla y queda con una lesión que termina con su carrera . . . y de repente este individuo apasionado y con un interés tan limitado, ¡parece perdido en el espacio! Ya no sabe quién es. No encuentra motivos para levantarse por la mañana. Las tensiones y la tirantez resultantes destruyen su matrimonio y su familia.

Esto sucede una y otra vez, pero con frecuencia esto podría prevenirse mediante una cuidadosa previsión y planificación. Obviamente, este jugador de fútbol tendrá que colgar los botines *en algún momento* en el futuro. Nadie juega fútbol a los cincuenta años de edad, y sólo hay una cantidad limitada de puestos destacados durante una década determinada. Si el matrimonio hubiese elevado la vista y considerado el futuro, estaría preparado para la vida después del fútbol.

Es igual para nosotros que no somos personas famosas. El plan de juego de la vida incluye una buena cantidad de cambios que podemos anticipar, y sobre los cuales podemos planificar: el primer bebé, la terrible edad de dos años, la adolescencia, las salidas con el novio, el nido vacío, la edad madura, la menopausia, los nietos, la jubilación y así sucesivamente. Pero también estará lleno de baches ocultos, extraños desvíos, frustrantes callejones sin salida, cambios repentinos de carril, y salidas no programadas.

Si ustedes planifican con relación a los principales cambios "esperados", como también con relación a los probables cambios inesperados, tendrán mejores posibilidades de llegar a su destino . . . juntos.

Planes de emergencia

No hace mucho tiempo yo (John) pasé un atardecer con mi esposa Cindy diciéndole qué debía hacer ella si me moría repentinamente. Quizás fue la historia de nuestra amiga perdiendo sus hijos en un accidente de aviación que me recordó todas las veces que vuelo. Pero sea como fuere, sentí que era hora de que tuviese una conversación íntima acerca del futuro.

¿Fue una conversación fácil? No. Pero en realidad fue una conversación informativa. Descubrí que en una cantidad de áreas importantes, Cindy no estaba lo suficientemente informada para saber qué hacer si golpeaba alguna tragedia.

Me inspiré tanto con nuestra conversación, que fui a la caja de seguridad y saqué los papeles. Escribí números telefónicos en una hoja especial indicando a quién llamar; desde Gary, hasta el empresario de pompas fúnebres y el pastor. Hasta saqué la pequeña cámara de video que tenemos e hice una "bendición grabada" para detallar estas instrucciones, ¡y me emocioné diciendo "adiós" en el proceso!

¿Pienso que un autobús me atropellará o que se caerá el avión en el que viajo? No puedo prever tal cosa en absoluto. Pero si llegase a suceder, mi familia no quedará en las tinieblas por este motivo. En medio de todos los ajustes, ellos sabrán que hemos hablado y planificado anticipadamente lo que la mayoría de la gente trata de evitar.

No importa cuán engañosos pueden ser los cambios negativos, una transición rápida al *éxito* puede ser aún más difícil de manejar. Tomás Carlyle observó sabiamente: "Por cada hombre que puede soportar la prosperidad, hay cien que pueden soportar la adversidad."

Durante más de diez años, yo (Gary) he orado por algunas cosas muy específicas relacionadas con nuestro ministerio. Hace dos años, casi todo por lo cual había orado se hizo realidad. *¡Boom!*

Dentro de un período que pareció unas pocas semanas, tenía a todos los pedidos pendientes por mucho tiempo marcados porque habían sido respondidos. El Señor abrió oportunidades para alcanzar y ayudar a las familias a través de los Estados Unidos de una manera que excedía mis oraciones más osadas. ¡Respuesta! ¡Respuesta! ¡Respuesta!

¡Estaba tan entusiasmado! ¡Me sentía tan realizado! ¡Estaba tan agradecido! Y de pronto me sentí totalmente vacío.

Inesperadamente, quedé deprimido. ¡Logré todas mis metas y casi sucumbí!

Con la fecha de entrega de un libro por delante, me tomé el tiempo necesario para encontar un lugar tranquilo de retiros y efectué un análisis prolongado y duro sobre mis expectativas y mi futuro. A pesar de mis oraciones fervientes por el éxito en el ministerio a través de los años, no estaba listo cuando el Señor me dio repentinamente todo lo que le había pedido.

Los fracasos (¡y los éxitos!) sorpresivos, como también las principales transiciones previsibles no serían tan desgarradores ni tan potencialmente dañinos, si los considerásemos con anticipación.

Obra en construcción

Si aún no se ha dado cuenta, se requieren dos cosas para prepararse para las transiciones: padres alertas y *mucha* comunicación familiar. Debiera ser un tema actual de conversación entre las madres y los padres. Si usted es un padre o madre soltero, es algo para conversar con madres y padres cristianos mayores y más sabios, que han atravesado muchas de esas curvas y giros extraños en su andar como padres.

¿Qué transiciones vendrán en nuestra vida y en la vida de nuestros hijos durante los próximos cinco años? ¿O el año próximo? ¿O durante los próximos seis meses? ¿Cómo podemos prepararnos? ¿Qué libros debemos leer que nos proporcionen la percepción y las capacidades que necesitamos para ayudar a nuestra familia a atravesar esas transiciones? ¿Hemos orado acerca de ellas anticipadamente, pidiéndole a Dios su fortaleza y sabiduría? ¿Cómo podemos ayudar a nuestra familia a lograr

el máximo beneficio y la mínima tensión a través de cada uno de esos puntos de cambio?

Si como matrimonio no pueden apartar una noche cada semana para tratar esta clase de cosas, ¡asegúrense de apartar por lo menos una noche cada mes!

Es como manejar sobre una carretera cuando uno ve un gran cartel color naranja que dice:

Obra en construcción, próximos dieciséis kilómetros
Preste atención al obrero con bandera
Maneje con mucha precaución

El chofer sabio se sienta más derecho, abre sus ojos un poco más, y afloja el acelerador. Sabe que en cualquier momento puede tener que frenar, cambiar de carril, desviarse alrededor de una barricada o bajar la velocidad por un tramo de camino en mal estado.

Esa es una buena manera en que los padres deben considerar los meses y los años que les esperan. Pueden esperar lo inesperado. Pueden esperar algunos tramos llenos de baches, muy irritantes en el camino. Pueden anticipar cambios bruscos en la autopista pareja y recta. *Y ninguna de estas cosas los deben tomar por sorpresa.*

En la familia Smalley, Norma y yo (Gary) hemos tratado de mirar a lo largo del camino por varios años, mientras procurábamos ayudar y alentar a nuestros tres hijos. Reconocimos, por ejemplo, que habrían algunas transiciones particularmente difíciles durante los años de la adolescencia: cambios físicos, cambios emocionales, una enorme lucha por la identidad, y una presión cada vez mayor de los compañeros. Queríamos estar preparados para esos baches y curvas traicioneras en el camino. Y sabíamos que más allá de esos años tiernos, se habrían de producir una gran cantidad de cambios entre los dieciocho y los veintidós años.

Por ejemplo, en el área de los deportes, alenté a mis hijos al señalarles un modelo familiar que les ayudaría a comprenderse a sí mismos un poco mejor. Por alguna razón, los varones de la familia Smalley dan un paso importante en la madurez física a la edad de diecinueve años. Sabía que Greg y Miguel no se sentirían motivados a levantar pesas o a ponerse más fuertes y más rápidos hasta que llegaran a ese punto.

No podía lograr que Greg hiciese mucho en ningún deporte en la escuela secundaria. Pero cuando tuvo diecinueve años observé un cambio tremendo. Fue entonces cuando comenzó a hacer cientos de flexiones, a correr dieciséis kilómetros por día, a levantar pesas, a escalar sogas, y a ser un buen atleta.

Hoy mi hijo menor acaba de comenzar a levantar pesas, pero me doy cuenta de que aún no está tan motivado como pudiera en su empeño atlético. Percibiendo su frustración, le he dicho cien veces: "No te preocupes por eso Miguel. Cuando tengas diecinueve años, de pronto todo te resultará fácil. Y para mí eso está bien."

Una y otra vez mis hijos han afrontado diversas transiciones. He tratado de prepararlos para lo que vendría, de elogiarlos y alentarlos durante los momentos de lucha, y les he dado esperanzas de que saldrían mejores, más fuertes y más sabios a lo largo del camino.

"Está bien", les digo. "Vas a pasar esto y las cosas van a salir tan bien que te costará creerlo. ¡Espera y verás!"

Tres principios constantes

Al principio de este capítulo, yo (John) mencioné tres principios que esbocé para la afligida mujer que visitó mi oficina. Creo que estos tres pensamientos ayudarán a cualquiera que esté afrontando una transición importante en la vida. Puedo describirlos en tres palabras que me dio una mujer de nuestra iglesia, que tiene un ministerio a nivel nacional para la gente que está en transición:

Suelte.
Renuévese.
Avance.

Permítame aplicar estas palabras sencillas a algo tan potencialmente perturbador como que su hijo menor abandone el hogar para ir a la universidad.

1. *Suelte*

Haga que este adiós sea significativo. ¡Hágalo positivo!

Algunos de nuestros amigos han hecho pequeñas reuniones o fiestas para honrar y alentar a sus estudiantes que van a la universidad. Es una oportunidad perfecta para dar la bendición de los padres y revivir algunos recuerdos cálidos. Saque algunas de las fotografías antiguas, diapositivas o videos. Ríanse un poco y derramen algunas lágrimas. Ayuden a sus hijos a celebrar el fin de una importante fase de la vida y el comienzo de una nueva fase emocionante.

Al mismo tiempo, también se estarán ayudando como padres a encontrar una conclusión emotiva. Sí, esta etapa de la paternidad ha llegado a su fin. Sin duda hay cosas que quedaron sin hacer, que deberían haberse hecho, y se han hecho otras que usted desearía que no se hubieran hecho. Siempre será así. ¡Pero la vida continúa! Al finalizar una etapa crítica de la paternidad, comienza otra etapa crítica . . . un período de adultez joven, donde su joven, hombre o mujer, necesitarán el consejo y el aliento de mamá y de papá como siempre, aunque quizás de una manera distinta.

2. Renuévese

¿Qué cambios significarán para su vida esta "nueva etapa"? ¿Qué nuevas prioridades reemplazarán a las antiguas? ¿Cómo reorientará parte de la energía emocional que ha invertido en conducir a sus hijos a través de la montaña rusa de la adolescencia?

En este segundo paso, usted mira alrededor, al escenario cambiado, y piensa, *¿Cómo me voy a adaptar a este nuevo ambiente?*

Sucede lo mismo con una familia que ha hecho una mudanza de un extremo al otro del país. Uno se inserta en nuevas escuelas, encuentra una nueva iglesia, acepta la ayuda de nuevos amigos o vecinos, se suscribe al periódico local, planta unas pocas flores, y comienza a echar raíces. En vez de vivir en el pasado reciente, se fuerza a admitir que este es un nuevo período de vida que debe ser vivido a plenitud.

Es como el cuadro conmovedor de hace casi dos mil años en las afueras de Jerusalén. Los discípulos del recién resucitado Señor Jesús observaron a su profundamente amado maestro y amigo ascender a los cielos delante de sus propios ojos. Fue ascendiendo y ascendiendo hasta que todos estaban protegiendo sus ojos e inclinando sus cuellos. De pronto una nube lo escondió y desapareció de la vista. ¿Volvería Él a aparecer encima de la nube? ¿Lo verían como un punto cada vez más pequeño en la gran bóveda azul del cielo? ¿Adónde iría?

De pronto quedaron sorprendidos por voces extrañas a su lado. Al unísono, bajaron su mirada desde la estratósfera, para contemplar a los dos varones con vestiduras de un color blanco resplandeciente.

"Varones galileos" dijeron ellos: "¿Por qué estáis mirando al cielo? Este mismo Jesús, que ha sido tomado de vosotros al cielo, así vendrá como le habéis visto ir al cielo" (Hechos 1:11).

¡Vamos muchachos! ¿Por qué están parados boquiabiertos contemplando las nubes? Jesús se ha ido al cielo. Esa ya pasó. Pero, ¡prepárense! ¡Una nueva era ha comenzando, y ustedes son protagonistas en ella! Apenas unos días después su nuevo consolador y compañero, el Espíritu Santo, vino sobre ellos con poder como Jesús había dicho que Él lo haría. Ya era tiempo para un nuevo comienzo.

3. Avance

De modo que su último hijo ha dejado el hogar, o usted se ha mudado a un nuevo vecindario, o ha aceptado finalmente la pérdida de un ser amado que ha fallecido. Ha dado vuelta la hoja, y ha comenzado de nuevo. ¿Y ahora qué?

Yo (John) puedo recordar vívidamente cuando mi madre se enfrentó con la necesidad de no detenerse . . . y avanzar luego de un tiempo de transición.

Yo fui el último de tres hermanos en dejar el hogar. Mi hermano mayor, Joe, se había casado con su novia de la escuela secundaria, y estaban viviendo en un suburbio cercano. Mi hermano mellizo, Jeff, había querido ser científico desde la infancia y había elegido hacía mucho tiempo una universidad fuera del estado, que le proporcionaría la mejor educación en investigación.

Eso me dejó a mí estudiando en una universidad en un nivel más bajo, trabajando parte del día, y luego a especializarme a tiempo completo. Finalmente, a pesar de mí mismo, terminé con dos años de estudios universitarios y necesitaba ir a alguna parte para terminar la universidad. Entonces el Señor proveyó milagrosamente el dinero necesario para un curso de cuatro años en la universidad para obtener mi título.

Puedo recordar cómo mi madre me ayudó a cargar mi Volkswagen y cómo me apoyó desde que le mencioné por primera vez la idea de ir a la universidad. Me empacó una enorme canasta de comida, me abrazó con entusiasmo y me fui viéndola sonreirme y alentarme por mi espejo retrovisor.

"¡Qué madre sustentadora!" pensé. *"Creí que se caería a pedazos cuando me fuera, pero ¡se portó tan bien!"* Eso es lo que hubiera seguido pensando todo el camino a la universidad en Texas, si no me hubiese dado cuenta de pronto de algo valioso que me había olvidado de poner en el Volkswagen.

Ya había estado manejando veinte minutos, así que para cuando emprendí el regreso, ya había pasado casi una hora cuando llegué al hogar. Cuando entré por la puerta, observé algo inesperado por completo. Allí estaba mi madre, sentada a la mesa de la cocina, llorando.

Ambos nos sentamos a la mesa y lloramos con el llanto que había estado esperando desde el principio. Finalmente, cuando pudimos reír en vez de llorar, ella me dijo algo que nunca olvidaré.

"Juan", me dijo ella. "Durante todos estos años, me he derramado en ustedes, muchachos, y me ha encantado. No pude cuestionarlo. Como madre soltera, o como cualquier madre o padre, no puedo pensar en nadie que la superase en cuanto a amar y alentar a sus hijos.

"Pero a partir de hoy, me dijo, necesito encontrar a alguien . . . o algo en que pueda derramar mi vida de ahora en adelante. ¡Necesito otro propósito!"

Mi sabia madre conocía que la mejor manera de afrontar las principales transiciones que enfrentaba, no era sentarse y resentirse. Mas bien, ella tomó una decisión ese día de pedirle a Dios que le abriera un nuevo mundo de ministerio. Y como resultado de ello, su vida ha sido una bendición para nosotros y para muchos otros.

¿Está afrontando un período de transición?

Ahora es el momento de avanzar o de extenderse hacia los demás.

Ahora es el momento de ponerse a disposición de los demás, en lugar de retroceder.

Ahora es el momento de buscar, y no de esconderse.

No importa si usted está en una nueva iglesia, en una nueva escuela, en un nuevo vecindario, o ajustándose a cambios en la familia, siempre habrán los que lo necesiten. Siempre habrán los que se beneficiarán por su amistad, por su interés, por su preocupación, por su experiencia (¡recuerde 2 Corintios 1:3-4!), por su especialización o simplemente por su sonrisa.

Reconozcámoslo, este mundo es un lugar frío y hostil para mucha gente. Si Dios lo ha puesto en una nueva zona o en una nueva situación, permítale a Él que lo utilice para traer calor humano, luz y risas a su rincón de ese mundo. La gente lo amará por eso, y usted también los amará.

¿Nunca pensó que el camino sería tan duro como resultó ser? Suele suceder. Pero quizás nunca contó con un amigo que lo ame tanto como Jesucristo. Él mismo dijo: "Nunca te abandonaré, ni te dejaré."

13
BUSCANDO
LA LUZ DEL SOL

R

Remedio:

*Buscando la luz
del sol*

Síntomas:

*Depresión
Perplejidad
Desilusión aplastante*

Algo inevitable ocurre en la vida de toda persona o familia . . . y se asemeja a sentirse hundido un día tras otro en un clima deprimente. Los que crecen en el noroeste del Pacífico se acostumbraron a la idea de despedir al sol desde octubre hasta mayo. Lógicamente, para ser justo, eso no es siempre así. A veces es desde setiembre hasta junio.

La ciudad de Portland, Oregon, celebra un hermoso festival y desfile de las rosas durante la primer semana de junio. Si usted se encuentra con "gotas de lluvia sobre las rosas", es el evento perfecto. Más de una vez a través de los años, ha sido el único desfile donde las carrozas en las calles ¡realmente flotan!

Yo (Gary) me crié en un pequeño pueblo en la parte occidental del estado de Washington. Cada otoño e invierno solía caminar bajo un manto pesado y siempre presente de color gris. A veces el gris parecía impregnar todo: los árboles, los arbustos, los edificios, los autos, los gatos, y los maestros. Había días en los meses de diciembre y enero, en los que comenzaba a preguntarme si había algo del otro lado de esas nubes.

¿Estaba el sol realmente allí en alguna parte?

¿Existía aún tal cosa como un cielo que tuviese el color de un huevo de petirrojo?

Tarde o temprano, sin embargo, los frentes de tormenta del Pacífico que se originaban en el océano, se tomaban una pausa para recobrar su aliento, y podía mirar hacia arriba y quedar sorprendido por un pequeño paño de azul brillante. Mientras las nubes se apartaban un poco más, un torrente de dorada luz solar irrumpía de pronto a través de las nubes y bañaba el camino o el patio de juegos.

Esos momentáneos chaparrones de sol siempre me animaban. ¡Vaya, esa gran pelota amarilla *estaba* realmente allí! Y el cielo *era* realmente azul detrás de esa cortina gris!

Aunque me fuí del país de las nubes hace años, hacia los climas más cálidos de Texas y de Arizona, nunca me he olvidado de esa sensación cuando la brillante luz del sol de pronto perfora las nubes y hace desaparecer las sombras.

Y aún la experimento hoy día, cuando veo la fidelidad de Dios que irrumpe a través de la penumbra de las experiencias difíciles y dolorosas de la vida. Cada vez que me encuentro en las tinieblas de la desilusión o de circunstancias incomprensibles, comienzo a buscar los rayos del sol de la presencia y del propósito de Dios. Él siempre ha sido fiel en brindarme esa luz. Las nubes se abren y — ¡lógicamente! —. Él ha estado allí todo el tiempo. Su amor soberano y su tierna preocupación brillan como el sol a través de un paño azul.

Cada familia experimentará su parte del "día nublado" de penurias y de dolor. La Biblia nos asegura eso. Santiago escribe: "Hermanos míos, tened por sumo gozo cuando os halléis en diversas pruebas" (Santiago 1:2). No es una cuestión de preguntarse SI nos tocará, es una cuestión de preguntarse CUÁNDO. Los días oscuros y los tiempos difíciles son inevitables. Aunque trabajemos horas extras tratando de proteger a nuestros hijos del dolor, nunca podremos protegerlos totalmente de las heridas causadas por sus propias acciones o por las acciones de los demás.

Como padres amantes, uno de los mejores legados que podemos transmitirles a nuestros hijos es la determinación de descubrir las cosas positivas en los tiempos difíciles. Podemos enseñarles a esperar la luz del sol.

Los frentes de tormenta

Nos guste o no, antes que dejen nuestro hogar, nuestros hijos o hijas pueden atravesar aplastantes desilusiones o sufrir de una persistente soledad. El sol puede desvanecerse detrás de un halo de duda por días o incluso por semanas enteras.

La niñez está llena de desilusiones, ¡quizás porque los niños tienen expectativas tan grandes! Los adolescentes a menudo luchan con horizontes sombríos. Puede ser que les falle un amigo, que no logren formar un equipo, que los abandone una novia o un novio, pueden tener luchas con su imagen propia, o no alcanzar sus sueños y metas.

Si un niño no sabe como enfrentar positivamente las inevitables horas oscuras de la vida, puede quedar afectado emotiva o espiritualmente por meses, o aun años, de su vida. Sin embargo, las mismas Escrituras que nos aseguran que las pruebas son inevitables, también nos prometen gran ayuda y beneficio por medio de esas pruebas.

Del otro lado de las tinieblas está la luz del sol, y los que aprenden a esperar y velar no serán desilusionados. Yo (John) comprobé eso hace poco, cuando me encontré con uno de mis amigos de la escuela secundaria en una conferencia.

¿Qué puedo decir acerca de "Tim el Terrible"? Él era uno de esos muchachos que parecía tener su propia luz del sol en abundancia. Era popular, atlético, y se propuso "conquistar el sistema solar". No tuvo problemas en la universidad, se casó con una impactante reina de belleza, y se fue a trabajar en una organización cristiana, alcanzando pronto un alto puesto de liderazgo. Luego, después de la llegada de dos hijas (perfectas), una enorme nube dejó de pronto a su hogar en las sombras. Su tercer hijo nació con espina bífida.

Eso sucedió hace cuatro años. Ahora mi amigo me dice que el nacimiento de ese niño fue la mejor cosa que le podía haber sucedido. No sé como trabajaron él y su mujer a través de esos días grises de desilusión y de esfuerzo, pero luego de haberme encontrado con Tim hace varias semanas, puedo decirle que parece estar alegre y contento.

Casi no podía creer que estaba con la misma persona. El antiguo engreimiento se había ido. Había dejado atrás el estilo de conversación que acorralaba a uno entre la espada y la pared. Parecía más considerado, más interesado en los demás y más amante de lo que yo hubiese podido creer. El caminar con ese niño por una senda empinada y llena de espinas, había llenado el corazón de Tim de un deseo insaciable de ayudar a los demás. Dejó su trabajo ejecutivo para estudiar en un seminario, a fin de licenciarse en consejería. Todo lo que desea hacer por el resto de su vida es ayudar a la gente afligida.

Viendo a través de sus pruebas

¿Significa esto que buscamos el dolor y las dificultades para que podamos beneficiar a nuestra familia? ¡No hay necesidad de ello! Podemos estar seguros que la vida nos traerá muchos días de baja presión barométrica. En realidad, no hay nada malo en tratar de evitar el dolor, cuando sea posible. Pero está mal negar los problemas, ignorarlos o tratar de racionalizarlos (disculparlos dando explicaciones).

Una de las grandes verdades de todas las épocas, es que la vida es áspera y frecuentemente injusta. Cuanto mejor podamos ver a través de las pruebas, para ver qué pueden producir en nuestra vida y en las vidas de nuestros hijos, tanto mejor podremos brindar calma, seguridad y amor genuino a nuestros hijos . . . aun cuando una tormenta inesperada oculte el sol.

En realidad, las pruebas pueden brindar fortaleza, madurez, coraje, amor genuino, rectitud y perseverancia a las personas que están dispuestas a ser adiestradas por ellas (léase Hebreos 12:7-11 y Santiago 1:2-5). Las mismas cosas que tememos que pueden suceder a nuestros hijos, los pueden equipar con una fortaleza elástica, dependiendo de su respuesta a los desafíos.

Usted tiene el privilegio de explicar a sus hijos que *toda prueba tiene valor*. Algunas tienen mayor valor que otras; algunas de las pruebas menos dolorosas pueden ser no tan valiosas como las más dolorosas. Las pruebas son dolorosas, pero el enseñar a sus hijos a esperar confiadamente la luz del propósito y del plan de Dios puede ser una fuente de ayuda y de aliento por el resto de sus vidas.

Esto no significa que debamos encogernos de hombros y musitar: "Lo qué sea será." Esto no es alguna clase de fatalismo estoico o de "pensamiento positivo" silbando en las tinieblas. Esta es la seguridad de la Palabra eterna e infalible de Dios . . . de que Él está presente . . . de que Él conoce cada detalle de nuestra vida . . . de que Él nos ama profundamente . . . y que "a los que aman a Dios, todas las cosas les ayudan a bien" (Romanos 8:28).

Yo (Gary) recuerdo una mujer joven que aconsejé en California no hace mucho. Por haber sido molestada sexualmente tanto por un vecino como por un miembro de la familia siendo niña, se había vuelto extremadamente fría y reservada hacia los muchachos y hacia los hombres. Su actitud embarazosa alejaba a los potenciales novios, dejándola solitaria y confusa. Aunque era cristiana, luchaba constantemente con la culpa, con el enojo y con un pobre amor propio. Para ella, cada día de la vida era como caminar en una penumbra perpetua.

Pasé horas enteras con ella durante varios días, luchando a través de esas memorias y emociones traumáticas. ¿Qué valor podía haber en esas terribles experiencias de su niñez? ¿Cómo podía Dios posiblemente traer algo de "luz del sol" de circunstancias tan trágicas y malignas? Aunque rara vez lloro cuando estoy aconsejando, me encontré llorando más de una vez. Podía ver tal valor en su vida, y creía firmemente que Dios podía utilizar aún los horribles acontecimientos de su pasado de una manera positiva.

La verdad es que cada vez que uno atraviesa una prueba como las que atravesó ella, recibe una calidad de amor que uno nunca obtendría de otra manera. Pasé horas explicándole cuán valiosa era ella. Le dije qué madre y esposa maravillosa sería, por ser tan increíblemente sensible y alerta al dolor de los demás.

La madre de una niña de once años le había escrito una carta diciéndole casi lo mismo. La madre agradeció a esta joven mujer por el tiempo que se había tomado para ayudar y alentar a su pequeña hija. "Gracias a su sensibilidad, paciencia y amor" decía la carta: "Mi pequeña hija nunca será la misma. Puedo literalmente ver la diferencia en su vida."

"¿Se da cuenta?" le pregunté, sosteniendo la carta en mi mano: "¡Usted puede detectar una persona afligida de lejos! Usted está constantemente haciendo cosas a favor de la gente. Con sólo mirarla, puedo ver la compasión en sus ojos. Y ese es el motivo por el cual la gente viene a usted con sus aflicciones. Esa es la razón por la cual esos niños afligidos la aman tanto. Ellos perciben inmediatamente que usted puede comprender y *sentir* realmente su dolor. En realidad, su vida refleja Hebreos 12:9-11. A causa de los problemas que ha experimentado, Dios ha producido una cosecha de justicia (mejor expresada en amor) en su vida."

Finalmente, ella comenzó a ver cómo Dios podía usarla, cómo ya la estaba utilizando, a pesar de, y aun *a causa de* su desdichada infancia. Comenzó a sonreir a medida que un pequeño espacio azul se abría en su cielo nublado. Fue suficiente. El sol no necesita mucho espacio para poder brillar.

Un cambio de clima

Si desea ver esa práctica de "esperar la luz del sol" ilustrada en las páginas de las Escrituras, abra su Biblia por la mitad. Cuando David derramó su corazón al Señor en el libro de los Salmos, frecuentemente se abría paso a través de las sombras, las nubes y las tormentas a la luz del sol de la confianza, del reposo y de la alabanza. En el Salmo 13 ¡lo hace en sólo seis versículos! Observe este cambio dramático en el clima en las siguientes palabras:

> ¿Hasta cuándo, Jehová? ¿Me olvidarás para siempre? ¿Hasta cuándo esconderás tu rostro de mí? ¿Hasta cuándo pondré consejos en mi alma, con tristezas en mi corazón cada día? ¿Hasta cuándo será enaltecido mi enemigo sobre mí? Mira, respóndeme, oh Jehová Dios mío; alumbra mis ojos, para que no

duerma de muerte; para que no diga mi enemigo: Lo
vencí. Mis enemigos se alegrarían, si yo resbalara.
Mas yo en tu misericordia he confiado; mi corazón se
alegrará en tu salvación. Cantaré a Jehová, porque
me ha hecho bien.

¡Qué cambio! Del gemir, de la conmoción mental y de la
angustia de corazón a "regocijarse" y "cantar" . . . todo en un
pequeño salmo. El versículo 5 es la clave. David dijo: "Mas yo
en tu misericordia (*amor inagotable* en la versión en inglés) he
confiado."

En otras palabras: "Bien, Señor, el cielo parece estar muy
negro ahora. No he visto el sol por mucho tiempo. Mis pensamientos están confusos. Mi corazón está tan pesado que parece
que se me va a caer del pecho. A veces pienso que quisiera
darme vuelta y morir.

"Pero, ¿sabes algo? Voy a mirar más allá de estas nubes,
aunque no pueda ver a través de ellas. Yo sé que tú estás allí.
Voy a creer en tu amor inagotable. Cuando el sol irrumpa — y
sé que lo hará — voy a cantar tu alabanza con todas mis
fuerzas."

Tres formas de ayudar a sus hijos a ver a través de las nubes

¿Cómo puede ayudar a su hijo a esperar la luz del sol en la
sombra de los tiempos difíciles? Aquí hay tres sugerencias muy
sencillas.

1. Piense cuidadosamente acerca de su primer respuesta a una situación difícil

A menudo, la primera respuesta de los padres puede fijar
el tono de cuán traumáticamente se habrá de considerar un
acontecimiento. ¿Alguna vez ha observado a un niño que comienza a andar, a saltar del sofá, y mirar inmediatamente a
mamá o a papá? Es como si estuviera diciendo: "Oigan, ¿fue eso
tan malo como pienso que fue?" Si el padre palidece y grita "¡OH,
NO!" y corre a través de la habitación, el pequeño pensará: "Sí,
supongo que estuvo muy mal. Debo estar lastimado. Voy a

gritar." Él se ha guiado por la reacción, y sabe cuánto puede dramatizar la escena.

Lo mismo sucede con el transcurso de los años. Cada vez que hay un accidente, un revés frustrante, un dolor romántico o un problema en la escuela, hemos descubierto que reaccionar con la mayor calma posible y hablar amablemente *desde el comienzo* ayuda en gran medida a resolver la situación. Les da a los hijos la energía que necesitan en ese momento, la energía para resolver el problema de un modo constructivo.

Cuando uno de nuestros hijos está lastimado, el agravar la situación reaccionando con palabras de enojo no ayuda para nada. Si algo logramos, tal reacción a menudo los sumerge más en la ansiedad — y también más en sí mismos — si ellos ven que "no podemos manejar la situación".

El responder inicialmente con calma ayuda al niño a ver que si papá y mamá no se desesperan ni pierden los estribos, quizás no sea un desastre tan grande, al fin y al cabo. Si el niño ve que sus padres se enredan en el temor o el enojo, sentirá una fuerte presión para responder de cualquier otra manera.

Cuando uno ya está sumergido en una emergencia, no es el momento para trazar planes de emergencia. Los padres que reaccionan emocionalmente con furia, histeria o sarcasmo cortante a los problemas, en lugar de tener un plan para resolverlos, sólo empeoran la situación. *El saber anticipadamente que Dios puede utilizar momentos difíciles para construir el carácter en la vida de nuestros hijos, nos puede ayudar a controlar nuestras emociones.*

Las palabras calmadas y de consuelo al comienzo de una tormenta preparan a nuestros hijos para los momentos más oscuros ... y los ayuda a esperar la luz del sol.

2. *Preste atención a las respuestas de su hijo durante y luego de la prueba*

¿Cuál es la presión barométrica en la habitación de su hijo cuando la tormenta golpea inicialmente? ¿Cómo está un día o un momento después? Luego que sus hijos hayan experimentado una prueba, usted debe observar cómo la están manejando. Si están luchando, usted puede participar y ayudar. Si parecen estar superándola, usted puede darles una palabra de aliento.

"He estado observando la manera en que estás respondiendo a este problema. Sé que ha sido duro, pero quiero que sepas que estoy realmente orgulloso de ti."

Asegúrese de tomar nota de cualquier señal precoz de advertencia, como la depresión o la ansiedad, que pudiera transformarse en problemas más serios en el futuro.

3. *Unos pocos días después de una prueba, busque una oportunidad para discutir cómo Dios podría utilizarla en la vida de su hijo*

¿Cuál es el mejor momento para hablar acerca de "esperar la luz del sol"? ¿Cómo puede hacerlo de un modo que parezca auténtico, y no como si hubiese estado haciéndose gárgaras con sacarina? Quizás transcurran varios días o semanas antes que su hijo esté preparado para oír el mensaje acerca del propósito, el plan, y el amor inmutables de Dios.

Una manera de presentar el tema, consiste simplemente en preguntar: "¿Estás satisfecho con lo que estás experimentando a causa de la prueba que has atravesado?"

Si él o ella no han hablado acerca de ello, casi siempre la respuesta será: "No, me siento horrible. No comprendo por qué esto tuvo que sucederme."

En ese instante un padre podrá preguntar: "¿Quisieras pasar un momento esta semana pensando esto conmigo?"

Si la respuesta es sí, entonces puede discutir lo que dice la Palabra de Dios acerca de los tiempos duros. Si la respuesta es no, no se asuste. Insista otro día y con suavidad pero persistentemente dele la oportunidad para auscultar los cielos oscuros y mirar a ese pequeño haz de luz.

Hace unos dos mil años, un misionero golpeado y azotado llamado Pablo logró escribir una carta de aliento a un grupo de cristianos en otra parte del mundo. Para entonces, Pablo probablemente parecía como si hubiese jugado un campeonato completo en la liga del fútbol americano, sin almohadillas ni casco.

Si hubiese tenido vendas de excelente calidad entonces,

Pablo hubiese parecido una momia (véase 2 Corintios 11:23-29). ¿A usted le agrada el tiempo tormentoso? Pablo era de la clase que navegaría con su bote hacia un huracán. Pero a pesar de estas constantes pruebas y peligros, él quería desesperadamente que sus amigos comprendieran el propósito y la compasión inmutables de Dios. Unas pocas nubes oscuras, un viento recio y un relámpago o dos, no significaban que Dios lo hubiese abandonado. Esto es lo que él escribió:

> Bendito sea el Dios y Padre de nuestro Señor Jesucristo, Padre de misericordias y Dios de toda consolación, el cual nos consuela en todas nuestras tribulaciones, para que podamos también nosotros consolar a los que están en cualquier tribulación, por medio de la consolación con que nosotros somos consolados por Dios. Porque de la manera que abundan en nosotros las aflicciones de Cristo, así abunda también por el mismo Cristo nuestra consolación. Pero si somos atribulados, es para vuestra consolación y salvación; o si somos consolados, es para vuestra consolación y salvación, la cual se opera en el sufrir las mismas aflicciones que nosotros también padecemos. Y nuestra esperanza respecto a vosotros es firme, pues sabemos que así como sois compañeros en las aflicciones, también lo sois en la consolación.
>
> 2 Corintios 1:3-7

Pablo esperó la luz del sol. Y nunca fue defraudado. Usted tampoco lo será.

14
CAPTANDO
LA VISIÓN

> ℞
>
> **Remedio:**
>   Una constitución
>   familiar
> **Síntomas:**
>   Viajando en círculos
>   Una familia que se
>   desintegra
>   Constante confusión

A uno de nuestros amigos (que siempre fanfarronea sobre el Pacífico noroeste) le encanta hablar acerca de su actividad "ideal" para desansar en una tarde de verano.

En primer lugar, toma su bote de goma y rema hasta el centro de un lago aislado en la montaña. Entonces se estira sobre el fondo del bote, mire a la vasta bóveda azul del cielo de verano, y deja que su bote vaya suavemente a la deriva con las pequeñas olas y la brisa. A veces el suave movimiento del bote y el susurro del viento sobre hectáreas de aguas transparentes y profundas, lo arrullan hasta que se duerme.

Cuando se despierta, parte de la diversión ¡es ver dónde ha

llegado! A veces va al garete hasta una pequeña cueva. A veces queda varado sobre una playa de cantos rodados o se arrima contra el tronco de un gigante del bosque caído, que estira sus ramas en el agua helada. Pero dondequiera que se encuentre, generalmente no es ningún problema tomar los remos y regresar remando al punto de partida.

Sin embargo, en una ocasión, un fuerte viento lo llevó rápidamente a una playa distante. Regresar significaba remar contra ese viento. Eso no es tan fácil cuando cada ráfaga de viento trata de levantar el bote de goma como un gran globo amarillo y arrojarlo hacia atrás. El cómodo viaje a la deriva de veinte minutos de nuestro amigo, exigió un regreso difícil y agotador de dos horas.

El viajar a la deriva como familia es parecido.

A medida que transcurren los meses y los años, pareciera que cada cual está en su propio pequeño bote, flotando lentamente en distintas direcciones. Entonces un día usted se despierta de su fácil sueño y queda impactado por la gran distancia que se ha producido entre papá y mamá, entre el padre y la hija, y entre el hermano y la hermana. De pronto se da cuenta de que viajar un poco a la deriva ha causado una gran separación . . . y puede ser sumamente difícil cerrar esa distancia nuevamente. Tal como remar contra un viento fuerte y frío de indiferencia.

Donde pueden "llegar" como familia a la deriva, puede ser algún lugar donde nunca quisieron desembarcar. En un sentido, eso se asemeja menos a un sueño y más a una pesadilla.

¡Cuán indispensable es que las personas y las familias desarrollen una visión acerca de su futuro, acerca de su *razón de ser*! Las Escrituras nos dicen que donde no hay visión, la gente perece. Lo mismo sucede con las familias. Donde no hay visión, las familias tienden a flotar a la deriva, y frecuentemente se desintegran.

Nosotros la familia . . .

¿Puede imaginarse qué sería de nuestro país sin su constitución? En realidad, no resulta difícil visualizarlo. Basta con mirar los esfuerzos trágicos de muchas naciones del tercer mundo a través de nuestro afligido planeta para captar la idea.

Usted se despierta por la mañana y, acostado en su cama, oye un extraño sonido de chillidos y ruidos sordos abajo de su ventana. Corre la cortina, y ve una columna de tanques que avanza por su calle. Los soldados armados con armas automáticas se paran en la intersección, deteniendo los automóviles. Al encender la radio para escuchar el noticiero matutino, descubre que su locutor favorito ha sido reemplazado por una estridente marcha militar. *¡Qué molestia!*, se dice. *Otra revolución. Espero que termine pronto. Quizás cancelarán los servicios de transporte. Me pregunto si podré llegar a mi cita de almuerzo.*

¿Cómo sería para usted abrir su periódico de la mañana y leer que el congreso y la corte suprema han sido disueltos, y que una junta de militares ha enviado al presidente al exilio y que ha asumido el poder absoluto desde Nueva York hasta California? ¿Cómo sería preguntarse cada semana si le permitirán reunirse con otros creyentes el domingo, escribir una carta al periódico o viajar de una ciudad a otra?

Muchas personas a través del mundo viven diariamente con esa clase de temor, incertidumbre y frustración. Sin embargo, por más de doscientos años, los ciudadanos estadounidenses han disfrutado de la herencia y de los beneficios de un grupo de hombres que trabajó, se angustió y oró sobre un documento que comienza diciendo: "Nosotros el pueblo de los Estados Unidos, a fin de formar una unión más perfecta . . ."

Gracias al esfuerzo de los hombres que fundaron nuestro país, éste ha disfrutado de una visión clara de lo que es y de lo que ama. Durante dos siglos nuestros tribunales han luchado con las implicaciones de las leyes y los límites puestos para nosotros por los hombres que visualizaron tan claramente la clase de nación que querían plantar en el suelo virgen del gran continente americano.

Las familias también necesitan una constitución. Tal como nuestra constitución nacional brinda un profundo sentido de orden y seguridad (aunque rara vez nos detengamos a pensarlo), una sencilla constitución familiar puede unir un hogar alrededor de ciertos principios fundamentales.

En la familia Smalley teníamos seis reglas básicas, que realmente se reducían a dos. A medida que los niños crecían, debemos haber repetido las mismas palabras cien mil veces: "Las dos cosas más importantes en la vida son honrar a Dios y honrar a la gente. No hay nada más importante que esto."

Jesús dijo que la esencia de todas las Escrituras consiste en amar a Dios y en amar al prójimo (Lucas 10:27). Todo otro mandamiento es una "subdivisión" de estos dos. El honor consiste en asignar un gran valor a Dios o a la gente; el amor consiste en mostrar un alto valor en nuestras acciones. Primero honramos, y luego lo demostramos mediante actos de amor.

Al principio de nuestro matrimonio, Norma y yo (Gary) nos preguntamos: "¿Por qué concentrarnos en un millón de mandamientos, cuando hay dos que lo resumen todo?" Dimos preeminencia a estas dos reglas fundamentales en nuestro hogar, repitiéndolas a los niños casi desde su infancia. Con la ayuda de Dios, tratamos de ponerlas en práctica delante de los niños, y con los niños.

Solíamos decir una y otra vez: "Tú eres muy valioso, y las demás personas también lo son." Nunca permitimos que se salieran con la suya deshonrando a otra persona. ¡Ese era el fundamento mismo de la constitución de los Smalley! Si los niños deshonraban a alguien de una manera significativa — dentro o fuera de la familia — ellos sabían que habría una dura disciplina. Esa era la única vez que les dábamos una amante paliza; cuando era un caso obvio e importante de deshonrar a los padres o a otras personas.

Más adelante, surgieron seis sencillos límites familiares de nuestros dos principios fundamentales.

1. Honramos a mamá y a papá obedeciéndolos.
2. Honramos a los demás y a nuestras posesiones, guardando las cosas luego de haberlas usado.
3. Honramos nuestra dedicación a la familia, efectuando todas las tareas responsablemente.
4. Honramos a los amigos y a la familia teniendo buenos

modales y ejerciendo responsabilidad para con los demás.

5. Honramos toda la creación de Dios; las personas y las cosas.

6. Dios es digno de recibir nuestro mayor honor y alabanza, y su Palabra debe ser también honrada.

Estos seis principios básicos representan el borrador final de una constitución de la familia Smalley, que cada uno de nosotros firmó y fechó. En un sentido real, era como la constitución de un país. Hemos descubierto que el tener un juego objetivo de normas escritas ha contribuído grandemente a la paz, armonía y seguridad de nuestra familia. (A la fecha de escribir esto, ¡nadie ha depuesto al gobierno!) Los niños sabían desde el principio que violar estos límites significaría consecuencias seguras y firmes.

Cindy y yo (John) comenzamos a utilizar este método de la "constitución familiar" cuando nuestra hija mayor tenía sólo dos años y medio de edad. Obviamente, nuestra primer constitución era sencilla y llena de ilustraciones. Pero ahora que tiene cinco años, hemos descubierto que es muy beneficioso referirnos diariamente a la pequeña tabla que está colocada sobre el refrigerador.

Por una parte . . . ¿por casualidad está cansado de ser el policía en su hogar? Cuando Kari tenía cuatro años, sentimos que era hora que comenzara a hacer algunas tareas domésticas en la casa, para comenzar a edificar un sentido de responsabilidad. En lugar de ello, teníamos la necesidad constante de recordarle que "debes tender tu cama", "debes cepillarte los dientes", y "debes vaciar todas las latas en el depósito de residuos de la cocina".

La guerra de palabras terminó con un adición a nuestro contrato familiar. Nos sentamos con Kari de una manera positiva y no apresurada, y escribimos sus responsabilidades. Luego, juntos, resolvimos la pena adecuada si ella no hacía voluntariamente sus tareas. Si dejaba de hacer una tarea, perdía su programa favorito de televisión por la mañana. Si dejaba de hacer dos tareas, o si se demoraba en hacerlas de tal manera que llegaba tarde al preescolar, dejaba de ver su programa favorito de televisión por la tarde.

Entonces todos firmamos la pequeña "constitución familiar" y la colgamos sobre la puerta del refrigerador. No sería justo decir que Kari nunca ha puesto a prueba los límites. Hubo días en que perdió sus dos horas de televisión. Pero es notable como esa simple hoja de papel se ha transformado en el policía de nuestro hogar, sin necesidad de que mamá o papá tuviesen que regañarla o presionarla constantemente para que efectuarse sus tareas.

El uso de una constitución familiar es especialmente importante cuando se trata de ciertas personalidades. Los leones funcionan bien con constituciones familiares, porque ellos mismos ayudan a fijar la pena, y es *su propia* norma que están quebrantando (lo cual no es tan divertido como romper las normas de mamá). Las nutrias piensan que los límites se aplican a todos menos a ellos; de modo que una constitución familiar es una de las pocas cosas que puede hacerles marcar el paso. Y aún los hijos castores tienen éxito con un contrato, porque es realmente una especie de lista, y ellos *aman* las listas. (No he mencionado a los perdigueros dorados, ¡porque ellos son tan leales que le obedecerán con o sin lista!)

El obtener un "plan" de crianza es esencial si desea tener un hogar amoroso. Pero también es esencial aprender a definir y a cumplir nuestra misión única en la vida, que capta la visión que Dios nos ha dado para llevar a cabo.

Las cinco emes

La visión implica planificar para el éxito. Formula preguntas tales como "¿Hacia dónde deseamos ir *nosotros* como familia?" "¿Qué clase de familia vamos *nosotros* a ser?" "¿Qué quisiéramos lograr *nosotros* en los días y en los años que Dios nos dé para vivir juntos?" Si las familias no tienen una norma por la cual puedan medirse, si no han establecido claramente elementos para una vida exitosa, feliz y mutuamente satisfactoria, tienden a flotar a la deriva, *esperando* que las cosas salgan bien, en lugar de *saber* qué hace falta para brindar un medio familiar saludable.

Hace algunos años yo (Gary) tuve el privilegio de salir para una cena especial en compañia de una hermosa mujer joven llamada Kari Smalley. Hemos hecho esto una cantidad de veces a través del transcurso de los años, pero esa noche había percibido el momento con mi hija que pudiera tener un significado especial.

Kari, entonces una estudiante de primer año de la universidad, tenía algo en su mente.

Habíamos comenzado con nuestras ensaladas, cuando me miró y me dijo: "Papá, necesito ayuda con mis cinco emes."

Aunque el pedido pudiera parecer inusual para usted, sabía exactamente a qué se estaba refiriendo. Y lo que tratamos esa noche durante el transcurso de una cena que duró tres horas, ayudó a Kari a afrontar los años restantes en la universidad — y más allá —, con un fuerte sentido de confianza y de orientación. A pesar de los habituales subes y bajas, de las montañas, y de los cráteres del joven que comienza a ser adulto, Kari no tuvo que luchar con un sentido de falta de orientación o de confusión.

Ella sabe adónde va. Y sabe porqué.

La noche que Kari y yo compartimos fue sumamente valiosa para mí como padre. Norma y yo habíamos hablado durante años a nuestros hijos acerca de las cinco M. Y ahora allí estaba mi hija, en el umbral de la adultez, pidiendo algo de ayuda para la sintonía fina de varias de esas emes.

Ella había resuelto la primer eme mucho antes, mientras aún era una niña. *La primera M es* MAESTRO. "¿Para quién voy a vivir?"

La segunda M es MISIÓN. "¿Qué quiere Dios que yo haga?"

La tercera M, MÉTODO, pregunta: "¿Cómo cumpliré mi misión?

La cuarta M, MANTENIMIENTO, formula la pregunta: "¿Cómo evaluaré y ajustaré mis métodos?"

La última M, MATRIMONIO, formula la pregunta: "¿Estamos de acuerdo mi pareja y yo acerca de nuestra misión?"

Kari no tenía duda alguna sobre la pregunta acerca del MAESTRO. Sabía que deseaba vivir su vida para Jesucristo. Ella quería identificar las siguientes dos M al comenzar esta etapa crucial de su vida.

— Bien, Kari — le dije —, ¿qué deseas lograr con tu vida? Hablamos acerca de esto por mucho tiempo. La cena y el postre habían sido retirados hacía mucho y los vasos de agua habían sido llenados nuevamente varias veces.

— Creo que lo tengo bien claro — afirmá.

— De acuerdo — le dije.

— Creo que lo que estoy realmente diciendo, papá, es que quiero tocar las vidas de los niños. Quiero comunicarle a los niños que son preciosos y valiosos. Quiero ayudarles a descubrir el potencial que Dios les ha dado. Quiero que sepan que vale la pena para ellos lograr lo mejor en sus vidas, porque con la ayuda de Dios pueden lograr cualquier cosa que se propongan en su corazón. Tantos niños están abatidos y piensan que no pueden hacer nada o piensan que no valen nada. Quiero *realmente* ayudarles a ver que eso no es cierto.

Nunca antes Kari lo había expresado en palabras de esta manera, y sin embargo su afirmación salió con tanta fuerza y convicción, que ambos quedamos sorprendidos. Era obvio que el deseo y las ansias se habían estado forjando en su corazón por mucho tiempo, al borde de estallar en llamas.

Kari hizo una breve pausa, y luego sus ojos se agrandaron. — ¡Papá! — exclamó —. ¡Una *maestra* podría realmente hacer eso! Con la velocidad de un relámpago comprendió que el MÉTODO de enseñar podría lograr de un modo hermoso la MISIÓN que llenaba tanto su corazón.

Ahora, varios años después, eso es exactamente lo que está haciendo. Cada día se para frente a su clase de segundo grado en una escuela pública del centro de la ciudad, y contempla la esencia misma de su misión. Kari se ha propuesto que ni un sólo alumno salga de su clase al final del día sin recibir su abrazo o su aliento.

Kari conoce a su MAESTRO. Está segura de su MISIÓN. Está totalmente involucrada con un MÉTODO muy potente. A medida que transcurra el tiempo, un MANTENIMIENTO efectivo la instará a re-evaluar esos métodos. ¿Son todavía eficientes? ¿Aún están logrando su misión de un modo satisfactorio? ¿Hay otros rumbos que pudiera tomar para que tuviese aún más éxito?

También pudiera llegar el momento en que deba enfrentar la cuestión del MATRIMONIO. ¿Le ayudaría el matrimonio a lograr su misión, aunque pudiese cambiar su método? ¿Compartiría su futuro esposo su visión de un modo significativo?

Hoy, mientras escribo estas líneas, ¡Kari se ha comprometido! Y en una actitud que conmueve el corazón de un futuro suegro, Roger — su futuro esposo — me acaba de pedir que lo ayude a entender aún más su misión en la vida. (Lógicamente, ¡Norma quiere que de alguna manera deslice la idea de tener pronto nietos como una parte clave de la misión de Roger y de Kari!)

A través de los años, Kari ha observado a su madre y a su padre luchando con esas mismas preguntas de misión y de visión. Una y otra vez, en los subes y bajas, durante los movimientos y los cambios, a través de las brechas alentadoras y de los intervalos áridos de depresión . . . hemos pedido y reafirmado las respuestas a estas preguntas. Esto nos ha permitido enfocar las cosas como familia. Nos ha mantenido caminando juntos en la misma dirección. Y ahora, cuando nuestros hijos dejen el nido para comenzar sus propios hogares, les dará un punto de partida.

Los comandos familiares

Hace muchos años, nuestra joven familia luchaba tenazmente con la cuestión de la MISIÓN de una familia. "¿Qué quisieras, Señor, que logremos como familia? Sabemos que nuestro tiempo juntos sobre esta tierra es limitado. Sabemos que tú tienes un plan para nosotros. Sabemos que tu Palabra dice que las dos cosas más importantes en la vida son amar y honrar a Dios, y amar y honrar al prójimo. Queremos honrar a la gente sirviéndole, pero ¿qué deseas tú que hagamos *específicamente*?"

La respuesta no vino de inmediato.

Oré personalmente acerca de esto por mucho tiempo. Oramos juntos como familia. Hablamos con otras familias que estimábamos, leímos mucho, y tratamos de abordar los principios bíblicos. A medida que transcurrían los meses, sentimos la convicción de que *la familia* era el elemento más importante de la sociedad. De modo que decidimos juntos que si la familia era el elemento más importante, entonces dedicaríamos nuestra familia a la tarea de enriquecer a otras familias.

Le pregunté a mi familia: "¿Realmente quieren hacer esto? ¿Aunque implique sacrificio personal?" Y me dijeron que sí, que todos querían hacerlo. Norma quería hacerlo; los niños también. De modo que, desde el comienzo de nuestro ministerio, nuestros hijos han sido parte del equipo. Nunca me he sentido solo en nuestra misión, aun cuando han habido algunas noches solitarias en habitaciones de hotel en ciudades distantes. Siempre he sentido que Norma y los hijos han tenido tanto interés en la obra como yo.

Los MÉTODOS han cambiado con el correr de los años, pero la MISIÓN ha seguido siendo la misma. Al principio, tratamos de servir a la familia por medio del pastorado en una iglesia local. Luego, trabajamos una cantidad de años en una gran organización cristiana dedicada a ayudar a la familia. Por último, al unirme con el doctor John Trent en la organización La Familia de hoy, comencé a enseñar en seminarios, a hablar en conferencias, a escribir libros, y a crear cintas y videos.

En distintos momentos de crisis en nuestra familia, hemos vuelto a nuestra misión, preguntándonos de nuevo: "¿Qué estamos tratando de lograr juntos?" Cuando uno o más de nosotros hemos comenzado a desviarnos o a seguir nuestro propio camino, hemos tenido que formular algunas preguntas duras en nuestras reuniones familiares. "¿Aún estamos afrontando la cuestión más importante de nuestra vida: ayudar a las familias lastimadas? Somos un equipo que está luchando contra la destrucción de la familia a través del mundo. ¿Qué podemos hacer para mantenernos unidos, para que podamos luchar contra ese enemigo?"

Somos una unidad del ejército, un equipo de Boinas Verdes luchando contra el enemigo que destruye la familia. Y hasta el día de hoy, nuestros hijos se sienten parte de ese esfuerzo.

Esa era *nuestra* misión. Hay muchas otras. Otra meta de la familia pudiera ser la de enriquecer las vidas de otras personas mediante la sanidad física, o recaudando dinero, o ayudando a misioneros en el extranjero, o a través del evangelismo en el vecindario. El elemento vital es descubrir cuál es el área de servicio que pudiera entusiasmar a toda la familia.

Si ustedes aún no tienen una orientación claramente definida como familia, otras personas o la presión de las circunstancias de la vida la fijarán por ustedes. Descubrirán que son esclavos de los demás y de las circunstancias en lugar de seguir sus decisiones claramente establecidas y definidas.

El ir a la deriva sin remos puede ser una actividad agradable para una tarde de verano en el medio de un lago en las montañas. Pero la vida no es un lago; es un río con fuertes corrientes que se apresura hacia su final. Los tramos serenos y plácidos de ese río serán inevitablemente quebrados por rápidos que se precipitan en medio de la espuma blanca o por cataratas que se estrellan impetuosamente.

Y un bote a la deriva, capitaneado por un padre dormido, no tiene la menor posibilidad de evitar el desastre.

15
CUANDO LA VIDA
REBOSA

℞

Remedio:
  La Fuente inagotable
Síntomas:
  Vacío
  Descontento
  Desilusión

Sólo tenía un objeto en su cómoda. Era una Condecoración de la Academia. Y odiaba verla.

Yo (John) recibí la llamada misteriosa de un agente de "alguien en la industria del entretenimiento". ¿Estaríamos dispuestos Gary y yo a viajar a Nueva York para aconsejar a una persona que estaba seriamente deprimida?

No nos dieron ningún nombre. El agente me dijo que un conocido de ambos nos había recomendado. Llamé por teléfono a esa persona, quien nos confirmó la situación y nos recomendó que tratásemos de ayudar. Nos advirtió además que esa celebridad no había comido por días enteros, y que pudiera estar al borde del suicidio.

¡Qué triste! pensé. *¿Es que no hay consejeros en Nueva York?* Pero luego que Gary y yo oramos juntos y conversamos sobre

el tema, llegamos a la conclusión de que si ésta era una puerta que Dios nos estaba abriendo, no debíamos vacilar en atravesarla. Volamos al aeropuerto internacional Kennedy el otro día por la noche.

A la mañana siguiente, cuando el taxi nos dejó en una torre de apartamentos lujosos, Gary y yo nos miramos. ¿Qué estábamos haciendo *en ese lugar* dos consejeros familiares de Arizona que calzaban zapatos rasguñados? Nos encogimos de hombros, presentamos nuestra identificación al guardia de seguridad, y fuimos directamente al lujoso apartamento.

Luego de un minuto o dos de quedar boquiabiertos contemplando los espléndidos muebles y las obras de arte originales en el enorme apartamento, nos recordamos que éste era tan sólo otro ser humano profundamente lastimado que precisaba ayuda. Ambos oramos silenciosamente buscando la sabiduría de Dios y nos pusimos a trabajar.

La historia se asemejaba al argumento de una antigua película de segunda categoría, pero era cierta. Allí estaba un hombre divorciado, de edad mediana, que había ganado casi todo galardón prestigiodo en su especialidad. Sin embargo, era tremendamente infeliz. Había sido maltratado y golpeado como niño, pero había logrado un estrellato repentino e increíble cuando era apenas poco más que un adolescente. En el primer fulgor de su vida fantasiosa se casó con otra "celebridad", deseando sinceramente encontrar la felicidad con esa joven mujer asombrosamente hermosa.

Esa fue sólo la primera de sus "expectativas" que fue aplastada. En menos de dos años, el matrimonio fue calcinado por las pretensiones de dos egos ardientes y de dos supercalientes carreras. Durante los siguientes años, una secuencia de aventuras amorosas con estrellitas olvidables y disponibles en cualquier parte, no sirvió en absoluto para borrar el sentimiento de fracaso, ni para llenar el doloroso vacío. En lugar de eso, él se concentró en otra meta.

Quería ganar un Oscar.

Él había obtenido otros trofeos y honores, pero ese era EL premio. El único que importaba. Si pudiese tan sólo ganar un premio de la Academia, ése sería su mayor logro. Eso le daría sentido a su vida. Eso traería la satisfacción que de alguna manera parecía estar fuera de su alcance.

Y entonces sucedió lo peor. Realmente ganó un Oscar. Ahora brillaba con gloria solitaria en la parte superior de una cómoda de otro modo desnuda. *Y el Oscar no hizo nada por él.*

Ya no quedaba nada por lo cual vivir. Nada más por lograr. Ninguna otra parte a la cual ir.

¿Tenía la "religión" algo para él? ¿Lo tenía Jesucristo? En su sala cinematográfica propia, observó una copia privada de "La más grande historia jamás contada." La observó una, y otra, y otra vez. ¿Había algo . . . alguien allí? ¿Alguien que lo amaba por lo que él era, y no por lo que él había logrado?

Tres pozos

Quizás usted nunca tenga la desilusión que puede venir luego de ganar un Oscar, un Emmy o un Grammy, pero tal vez se sienta tan desalentado en algún momento de su vida . . . tan vacío . . . tan insatisfecho. Yo (Gary) recientemente aconsejé a una ama de casa en Dallas, Texas. Ella vive en una hermosa casa de campo en un suburbio exclusivo. Tiene todo lo que siempre ha querido desde que era niña: Matrimonio, niños, casa, automóviles, ropas, amigos y riqueza. Y se siente completamente vacía.

Los niños pueden experimentar el mismo fenómeno. En última instancia, esa nueva bicicleta reluciente quedará raspada o será robada. El nuevo cachorrito hará un charco en el piso de la cocina. El nuevo novio o novia se olvidará repentinamente de sus afirmaciones de amor interminable, y buscará nuevos horizontes.

Las expectativas frustradas nos afectan a todos. *La manera como manejen esas frustraciones como padres, tendrá un poderoso impacto sobre la paz y la estabilidad de su hogar.*

Durante los últimos años, hemos estado dirigiéndonos a la gente alrededor del país con un sólo cuadro verbal que describe cómo la profunda sed interior puede ser satisfecha. Uno de mis libros anteriores (de Gary), Joy That Lasts [El gozo que perdura], explica detalladamente esa búsqueda de la realización. Pero tomemos un instante en las próximas páginas para presentar un concepto que pudiera ser el más importante de todos los remedios caseros.

La mayoría de la gente quiere beber de la bondad de la vida, pensando que esas "cosas buenas" traerán satisfacción. Es como si tomásemos una soga, la atamos a un balde, y echamos el balde a tres fuentes distintas.

Una fuente tiene un letrero en la parte superior que dice: "Los demás". Bajamos nuestro balde en esa fuente, deseando y esperando satisfacer completamente nuestra sed. Para nuestro desaliento, muchos descubrimos que aún estamos sedientos, o que el agua es algo amarga y no apta para beber, o que otras personas parecen estar haciendo agujeros en nuestro balde, de modo que perdemos la poca agua que había allí. Nos alejamos de esta fuente desilusionados e insatisfechos.

Luego echamos nuestro balde a una fuente llamada "Lugar". Tratamos de beber del pozo de un hermoso hogar o de unas vacaciones emocionantes. Quizás para nosotros sea tan importante como ganar un Oscar. Tratamos de obtener la realización de la vida en cierto lugar, y a la larga no lo logramos. No nos satisface tanto como esperábamos. Nos alejamos sintiéndonos tan vacíos y sedientos como siempre.

Una tercera fuente que la mayoría probamos tiene un letrero que dice: "Cosas". Y pensamos: Si sólo pudiese ganar más dinero, comprar un nuevo automóvil o conseguir un mejor empleo, finalmente me sentiría bien en la vida. Y sin embargo, tal como el hombre quebrantado y abatido que vimos en Nueva York, ni las cosas materiales, ni los galardones, ni la posición social, parecen satisfacer esa profunda ansia interior. Nos alejamos de la tercera fuente y pensamos: *Quizás necesito llevar mi balde vacío de nuevo a esa primera fuente. Quizás lo que necesito es una relación, una aventura amorosa, un nuevo amigo, o una nueva persona en mi vida.* Y comenzamos nuevamente la búsqueda desconsolada.

Todo el mensaje de este pequeño cuadro verbal, es que cuanto más busquemos sumergirnos en los demás, en los lugares y en las cosas, para que ellos nos llenen de felicidad o de satisfacción, tanto más quedaremos desilusionados.

En algún momento de nuestro viaje por la vida, transformamos nuestras defensas en algo parecido a un muro de contención de cemento. Es un hecho duro e irrefutable que "la vida no satisface". Por el contrario, es a menudo injusta, desagradable, y rara vez responde a nuestras expectativas. *Nunca* podemos extraer suficiente energía emotiva o significado de los demás, de los lugares o de las cosas, para mantener nuestros baldes rebosando. Aunque los carteles prometen que "usted quedará satisfecho" nunca lo estamos.

En realidad, estamos tan ocupados persiguiendo a la gente, a los lugares y a las cosas, que terminamos teniendo los mismos sentimientos de ansiedad, temor, incertidumbre y confusión que habíamos estado tratando de evitar. Nada es tan duro y estalla en tantos pedazos como una alta expectativa que se estrella contra la fría realidad.

Si su principal meta en un matrimonio o en una familia es decirle a su marido, o a su esposa, o a sus hijos: "Necesito vida de ustedes. ¿Satisfarán ustedes mis necesidades y mantendrán mi balde lleno?", usted se está buscando enormes problemas ... y una profunda desilusión.

Es fácil encontrar ejemplos en todas las familias de cómo miramos a los demás, a los lugares y a las cosas para realizarnos. Los padres intentan a menudo vivir indirectamente a través de los éxitos de sus hijos. Papá puede ser un atleta frustrado que empuja a su hijo para que sea una estrella en la Liga Menor. Mamá puede haber soñado con cantar en la Ópera, y por lo tanto regaña a su hija para que practique música durante varias horas cada día. Un padre que quiere que un hijo alcance una carrera lucrativa, exige excelentes notas en el colegio, para que logre una donación de dinero para estudiar en una de las universidades "correctas".

Un niño puede enfrentar el mismo dilema. Él necesita desesperadamente la aprobación de su padre, de modo que se siente aplastado cuando su padre no elogia sus tres tantos, y en lugar de ello critica el cuarto tanto que no convirtió. Nos toca aconsejar a muchos adultos que aún están tratando desesperadamente de lograr la aprobación de sus padres. Si sólo pudiesen obtener esa aprobación, piensan que su balde finalmente se llenaría.

Los niños que no cuentan con la aceptación de sus padres, podrán buscar la felicidad en cosas tales como los video de juegos, vestirse a la moda, tener un grupo de amigos o un sistema completo de amplificación para su habitación. Pronto se darán cuenta de que no tienen suficientes "cosas", de modo que pedirán más. El esquema podrá perseguirlos hasta cuando sean adultos. Otros jóvenes pueden pensar que un *lugar* llenará sus baldes, ¡cualquier lugar que no sea su casa! Así que se van, o se matriculan en una universidad al otro lado del país, o toman un empleo y encuentran un apartamento arruinado que alquilan a medias con un amigo.

Los padres solteros podrán tener que afrontar el problema más agudo. Muchos ya han sido profundamente heridos en una relación. Agregue a eso las limitaciones financieras que les impiden brindar todo lo que quisieran a sus hijos, y tiene la receta para producir la amargura y la depresión. A menos que estos padres hallen una fuente firme de gozo fuera de sus circunstancias humanas, la vida puede ser realmente muy desolada.

Nuestro célebre amigo de Nueva York, a pesar de toda la gente que hubo en su vida, de todos los lugares que había visto, de todos los bienes materiales que había acumulado, experimentaba una sed insaciable por algo que no podía siquiera identificar. Muchos de sus amigos de clase alta habían descubierto que la cocaína o el alcohol, aunque no saciaban esa sed, podían anestesiar su profundo dolor.

Entonces, ¿cual es la fuente del gozo?

Si los demás, los lugares y las cosas nunca llenarán nuestros baldes, ¿a qué acudiremos? Pasamos muchas horas con el actor en su apartamento durante los dos días que siguieron. Él habló acerca de su vacuidad y de su búsqueda. Pero cada vez que nos acercábamos a la respuesta, había alguna interrupción. Una llamada telefónica de su representante. Otra llamada de su agente de inversiones. Un decorador de interiores que estaba esperando en la puerta. Un agente de bienes raíces de California en la otra línea con su informe confidencial sobre un condominio en la playa de Malibú.

Sabíamos lo que este hombre necesitaba desesperadamente, pero él nunca nos dio la oportunidad de guiarlo a la fuente. La única fuente que jamás podría haber satisfecho su necesidad.

"Cualquiera que bebiere de esta agua, volverá a tener sed; mas el que bebiere del agua que yo le daré, no tendrá sed jamás; sino que el agua que yo le daré será en él una fuente de agua que salte para vida eterna" (Juan 4:13-14).

Jesucristo es el agua viva. Cuando nos sumergimos en Cristo y bebemos de Él, se transforma en una fuente de agua dentro de nosotros que rebosa continuamente.

¿Cómo puede, entonces, traer esa fuente inagotable de frescura a su hogar?

1. Renuncie a sus expectativas

En realidad, es bastante sencillo. Cuando esté desilusionado con la vida, *deténgase y pregúntese qué espera que lo haga feliz*. Usted puede hacer esto individualmente, o como familia. ¿Está desilusionada e impaciente la familia porque la videograbadora ha estado descompuesta demasiado tiempo? Oiga, si usted está dependiendo de ese pequeño trozo de material plástico y metal para traer la felicidad, ¡la desilusión es inevitable! ¿Alguien se está quejando de cuán estrecho es el hogar? Una casa nueva y más grande sólo traerá una felicidad pasajera, en el mejor de los casos. ¿Está uno de los niños herido y molesto porque un "mejor amigo" es inestable? Eso duele, pero eso es lo que sucede cuando coloca todas sus expectativas sobre otra persona.

No estamos insinuando que está mal disfrutar de los demás, de los lugares o de las cosas. El problema viene cuando esperamos una felicidad duradera de ellos. Cada vez que se sienta enojado, amargado, desilusionado o deprimido, deténgase y trate de identificar su expectativa mal ubicada. Cuando lo haya hecho, ¡olvídese de ella! Quizás podría ser de ayuda decir en voz alta: "Valoro a mi amiga, pero no puedo esperar que ella me haga feliz", o bien: "Me agrada mirar películas en la videograbadora, pero eso no me proporciona gozo duradero."

2. Permita que Dios sea la fuente de su gozo

No basta con decir que tenemos las expectativas equivocadas. También debemos abrazar la solución de Dios. El Señor presentó el tema claramente al profeta Jeremías hace muchos siglos:

> Porque dos males ha hecho mi pueblo: me dejaron a mí, fuente de agua viva, y cavaron para sí cisternas, cisternas rotas que no retienen agua.
>
> Jeremías 2:13

Estamos sedientos por dos motivos: en primer lugar, porque nos hemos alejado de la fuente de agua viva; y en segundo lugar, porque hemos tratado de cavar nuestras propias fuentes . . . fuentes que continuamente se secan. ¿Cuál es la solución? ¡Deje de agotarse! Vuelva a Dios, la fuente inagotable, y permítale a Él que llene su vida hasta que rebose.

Dijimos antes que el contenido de este capítulo pudiera ser el más importante remedio casero. Pero cuanto más pensamos acerca de esto, tanto menos parece cierto. Porque no es un "remedio casero" en absoluto. Es un remedio *celestial*, y el Gran Médico le ofrece su cura en forma totalmente gratuita.

> A todos los sedientos: Venid a las aguas; y los que no tienen dinero, venid, comprad y comed. Venid, comprad sin dinero y sin precio, vino y leche. ¿Por qué gastáis el dinero en lo que no es pan, y vuestro trabajo en lo que no sacia? Oídme atentamente, y comed del bien, y se deleitará vuestra alma con grosura. Inclinad vuestro oído, y venid a mí; oíd, y vivirá vuestra alma. ... Porque con alegría saldréis, y con paz seréis vueltos.
>
> Isaías 55:1-3a, 12a

Sólo para asegurarme que no se olvide de los servicios que el Gran Médico ofrece, lo dejaremos con el lema grabado en todas sus tarjetas comerciales. Es un lema que creemos vale la pena recordar:

> Yo he venido para que tengan vida, y para que la tengan en abundancia.
>
> Juan 10:10

DISFRUTE DE OTRAS PUBLICACIONES DE EDITORIAL VIDA

Desde 1946, Editorial Vida es fiel amiga del pueblo hispano a través de la mejor literatura evangélica.

Editorial Vida publica libros prácticos y de sólidas doctrinas que enriquecen el caudal de conocimiento de sus lectores. Nuestras Biblias de estudio poseen características que ayudan al lector a crecer en el conocimiento de las Sagradas Escrituras y a comprenderlas mejor. *Vida Nueva* es el más completo y actualizado plan de estudio de Escuela Dominical y el mejor recurso educativo en español. Además, nuestra nueva serie de grabaciones de alabanzas y adoración, *Música con Vida*, renueva su espíritu y llena su alma de gratitud a Dios.

En las siguientes páginas se describen otras excelentes publicaciones producidas especialmente para usted. Adquiera productos de Editorial Vida en su librería cristiana más cercana.

Vida

DEDICADOS A LA EXCELENCIA

DIEZ MANDAMIENTOS PARA LA FAMILIA

En *Diez mandamientos para la familia* por el hermano Pablo el lector apreciará el estilo ágil y ameno del autor, ampliamente conocido por millones de radioescuchas y televidentes latinoamericanos, gracias al programa "Un mensaje a la conciencia". El hermano Pablo habla con franqueza sobre la importancia de tener noviazgos y matrimonios felices, para poder así tener una sociedad sana.

Vida
DEDICADOS A LA EXCELENCIA